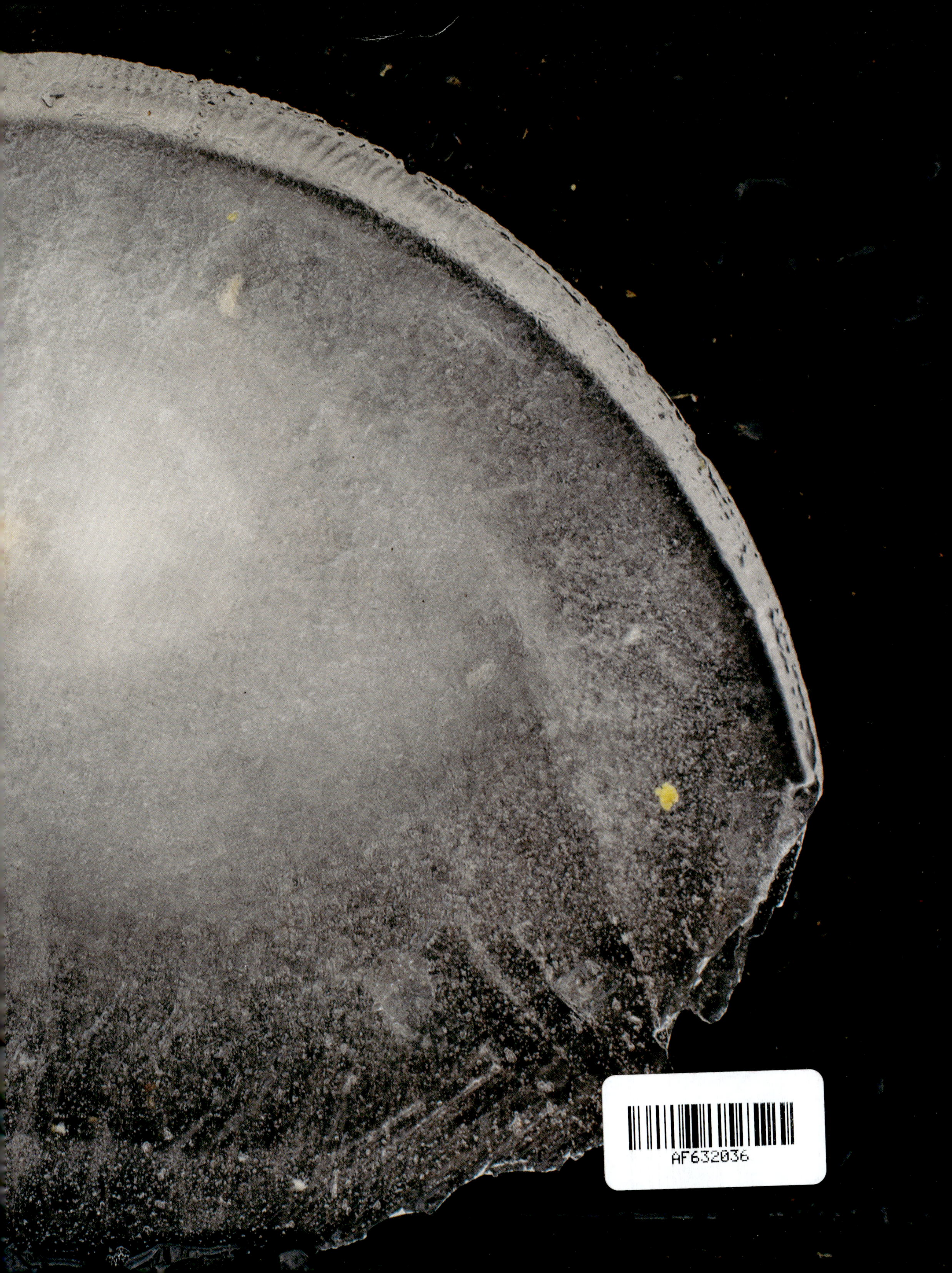

COLLECTION DU PRIX HSBC POUR LA PHOTOGRAPHIE DIRIGÉE PAR CHRISTIAN CAUJOLLE

Avec le concours de Rhiannon Adam, Artful Dodgers, Katherine Cannon, Odeta Catana, Liberty Dye, Rosie Ellis, Sarah Howe, Labyrinth Photographic, Claudia Lloyd, Cornelia Lupsa, Andrei Nacu, Lucretiu Pop et Gabriel Saplontai.

ISBN 978-2-330-07743-3

LAURA PANNACK

AGAINST THE DYING OF THE LIGHT

ACTES SUD | PRIX HSBC POUR LA PHOTOGRAPHIE

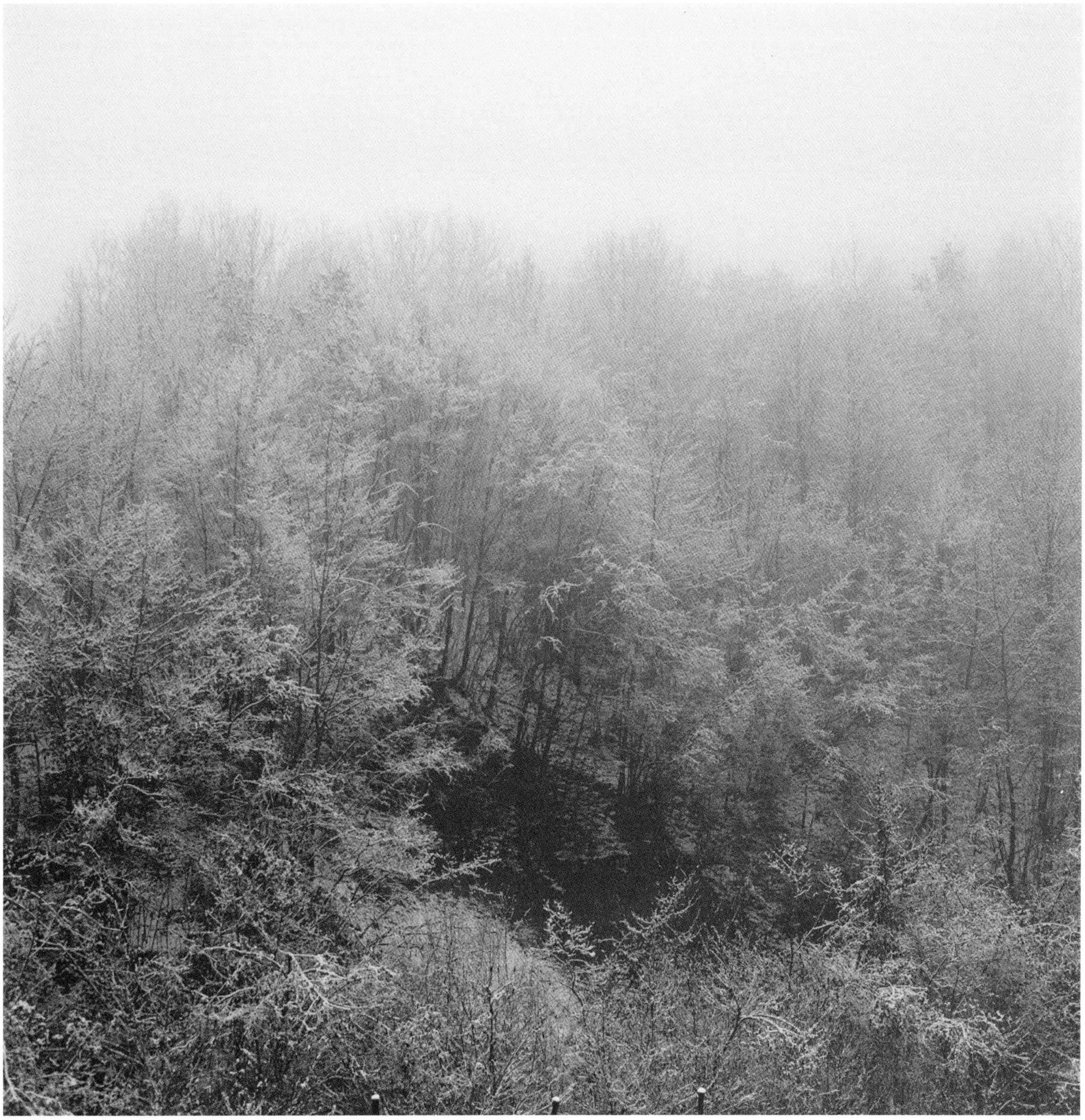

Tous les recoins qui ne rappelaient que des choses du passé.
Every little corner that brought to mind all things past.

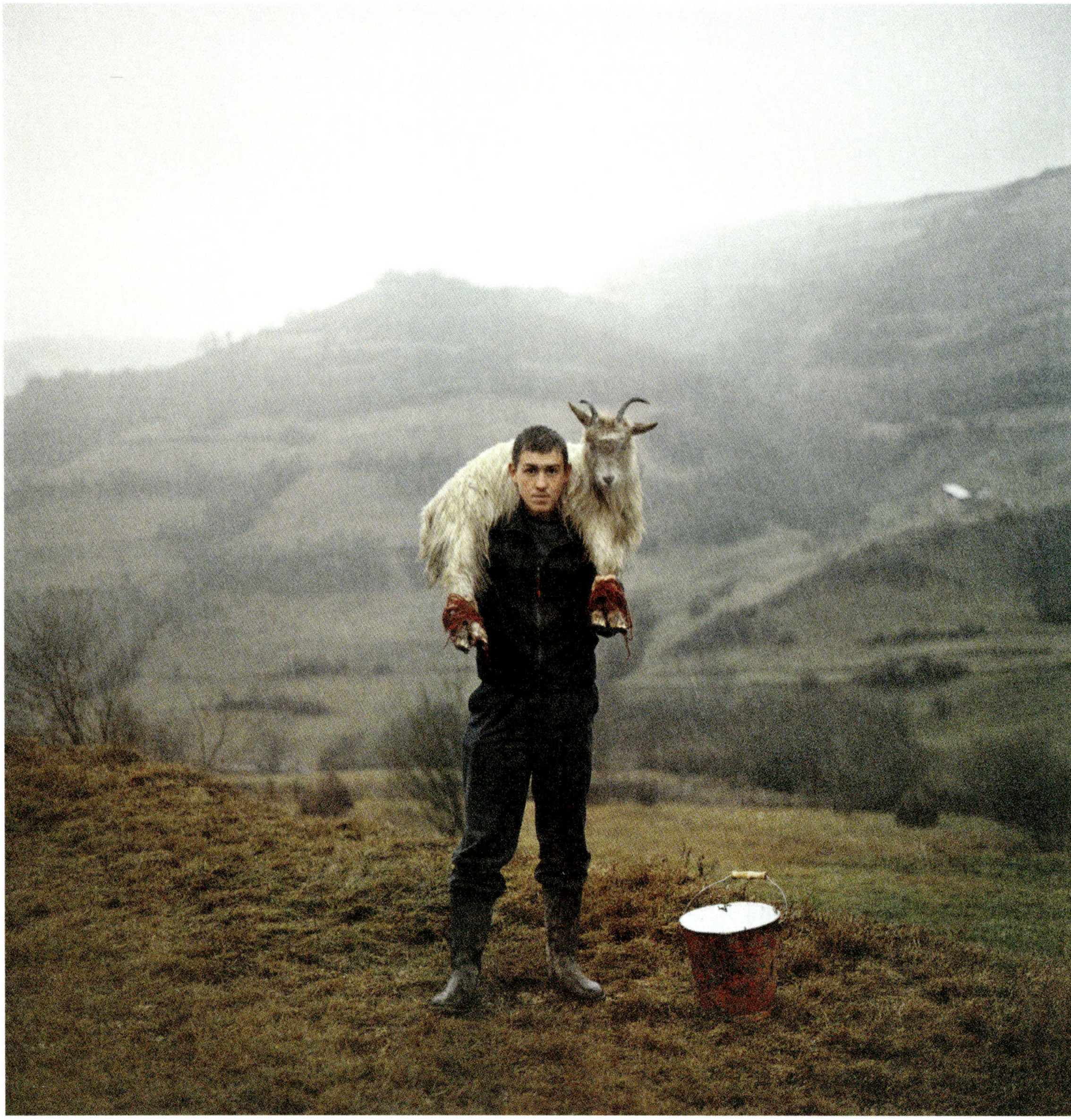

L'Offrande. Ils se sont habitués, petit petit, l'un à l'autre.
The Offering. They got used to each other bit by bit.

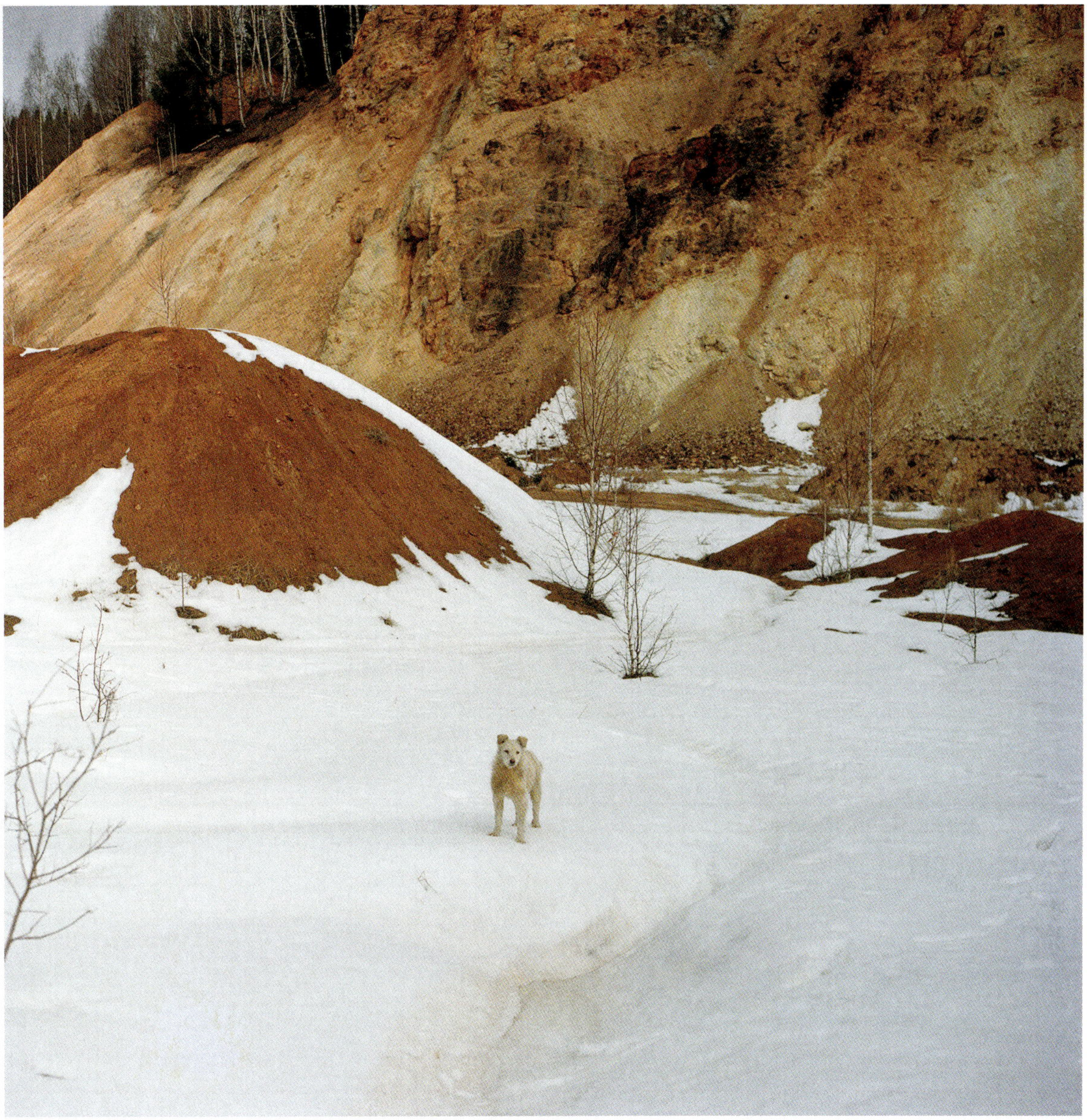

Attrapes-en un par la queue.
Yank one by the tail.

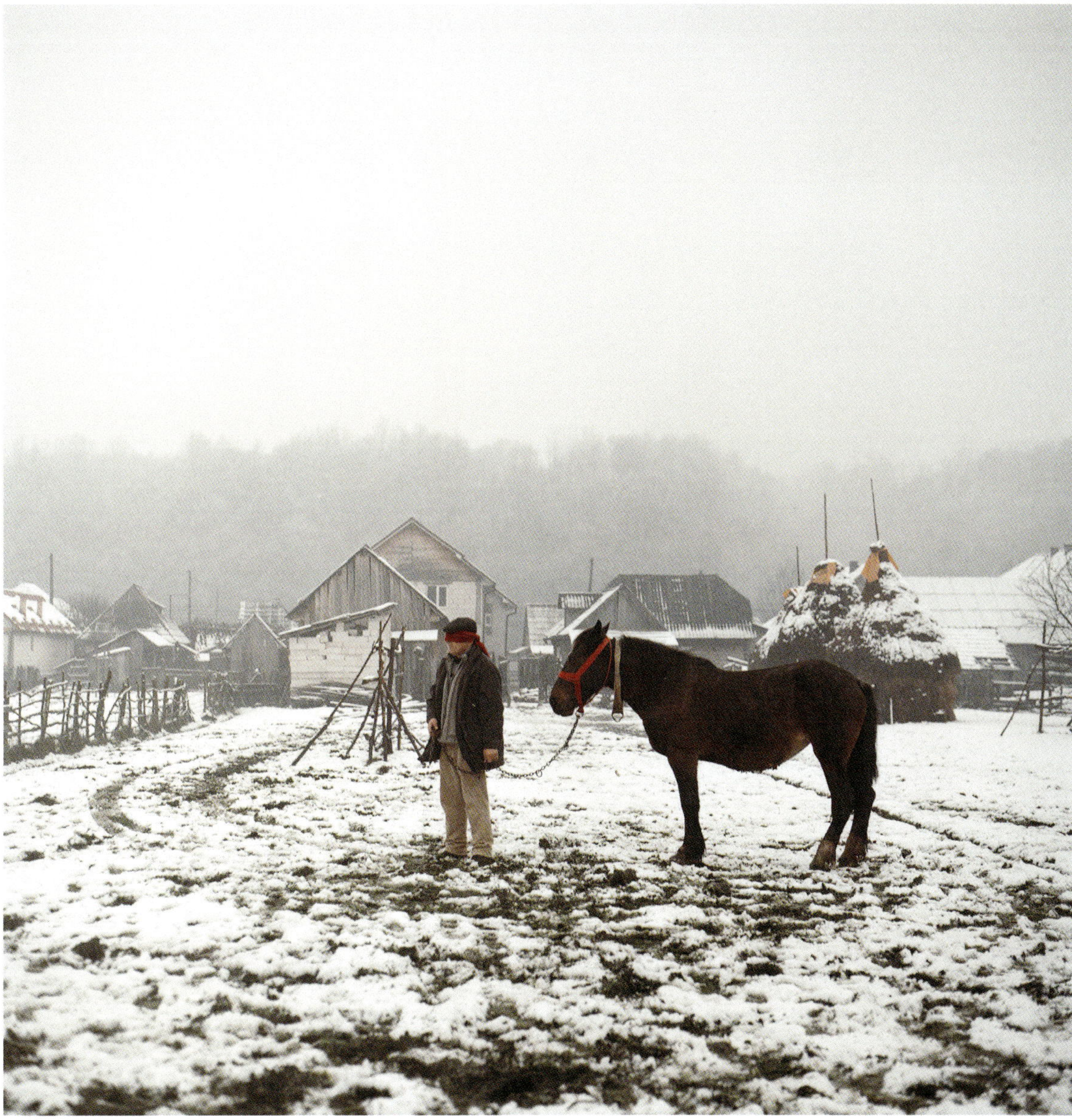

À vos ordres, monsieur.
Master, what do you command?

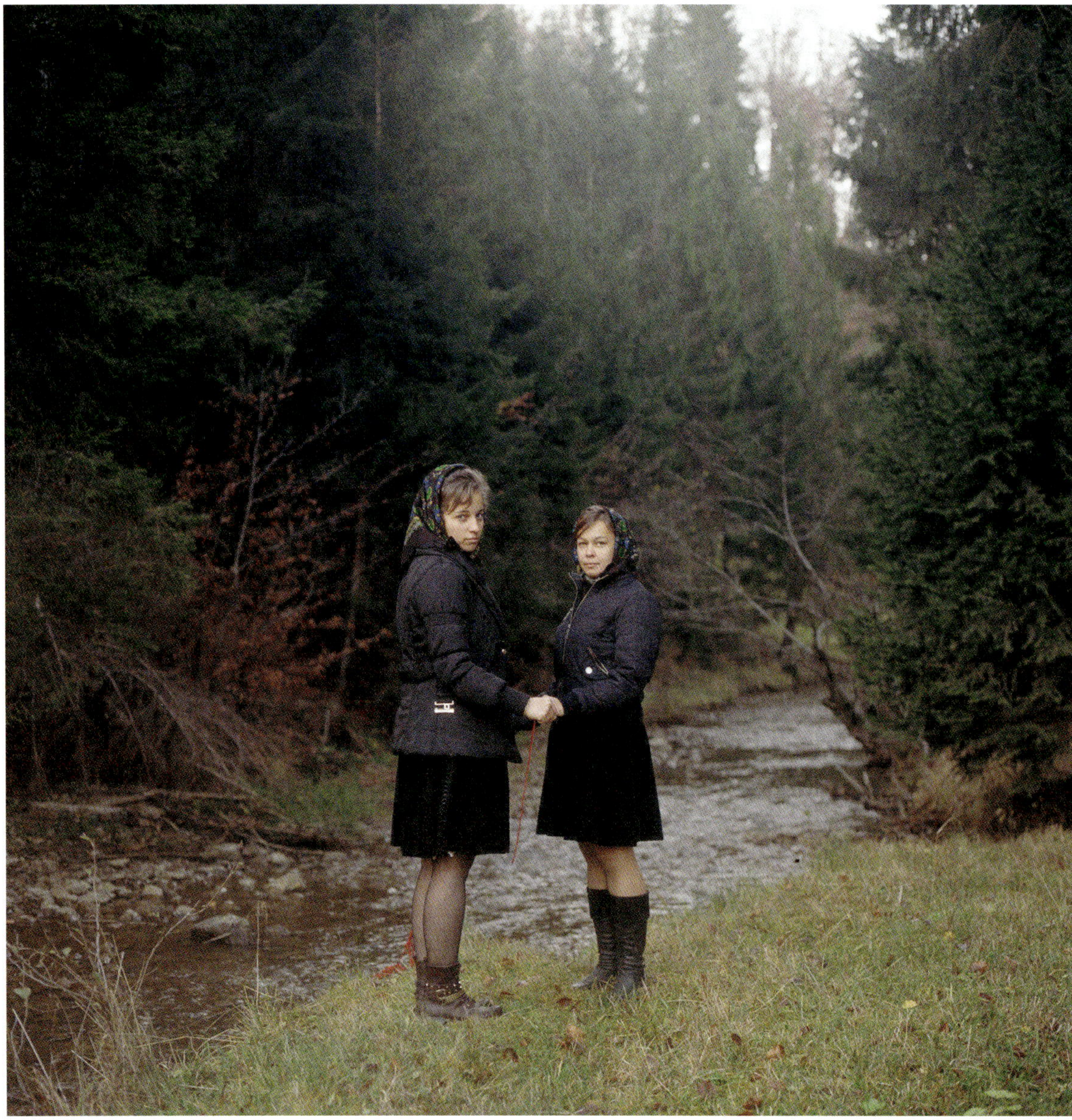

Filiations.

Blood lines.

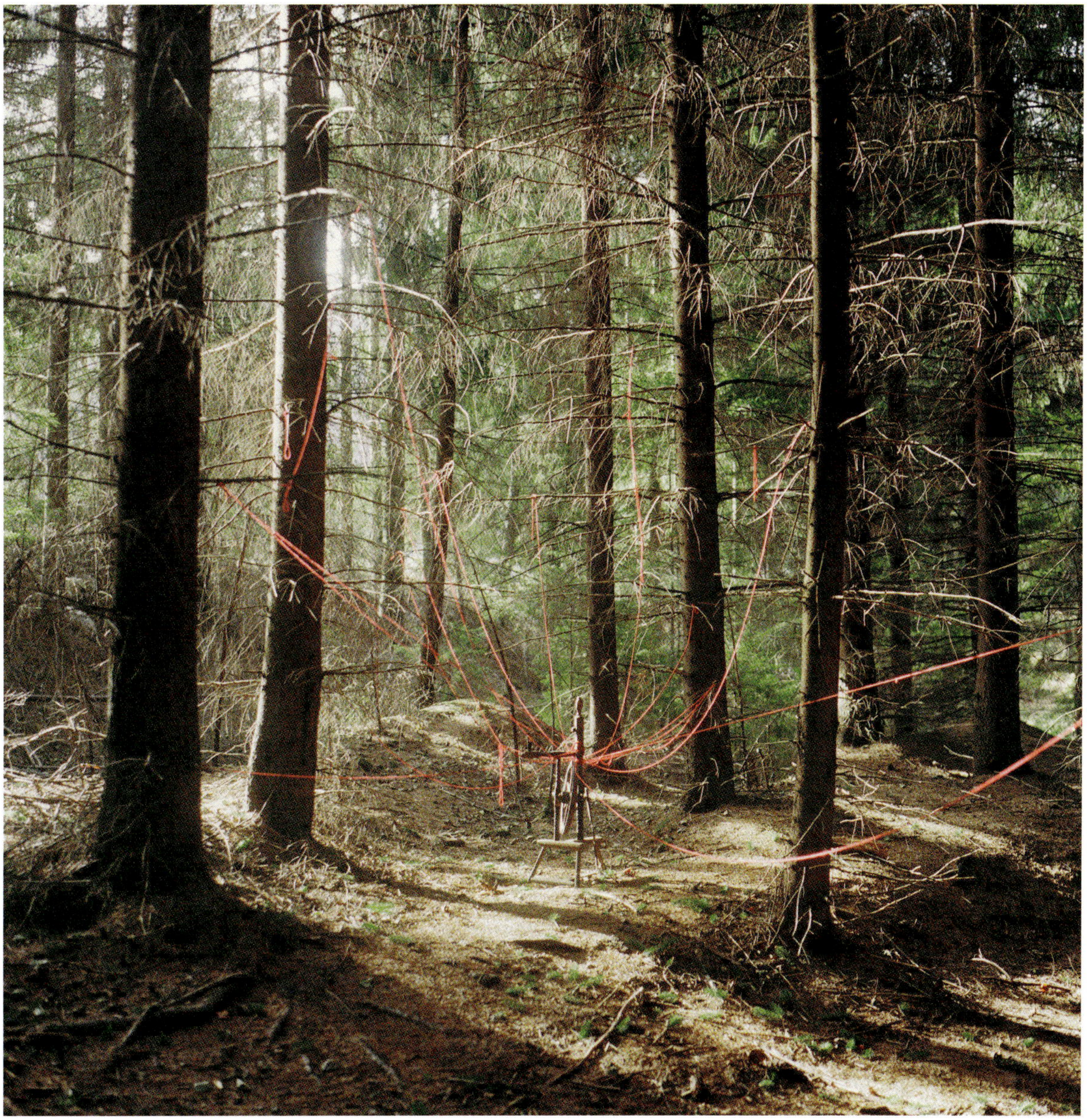

La roue du temps.

The wheel of time.

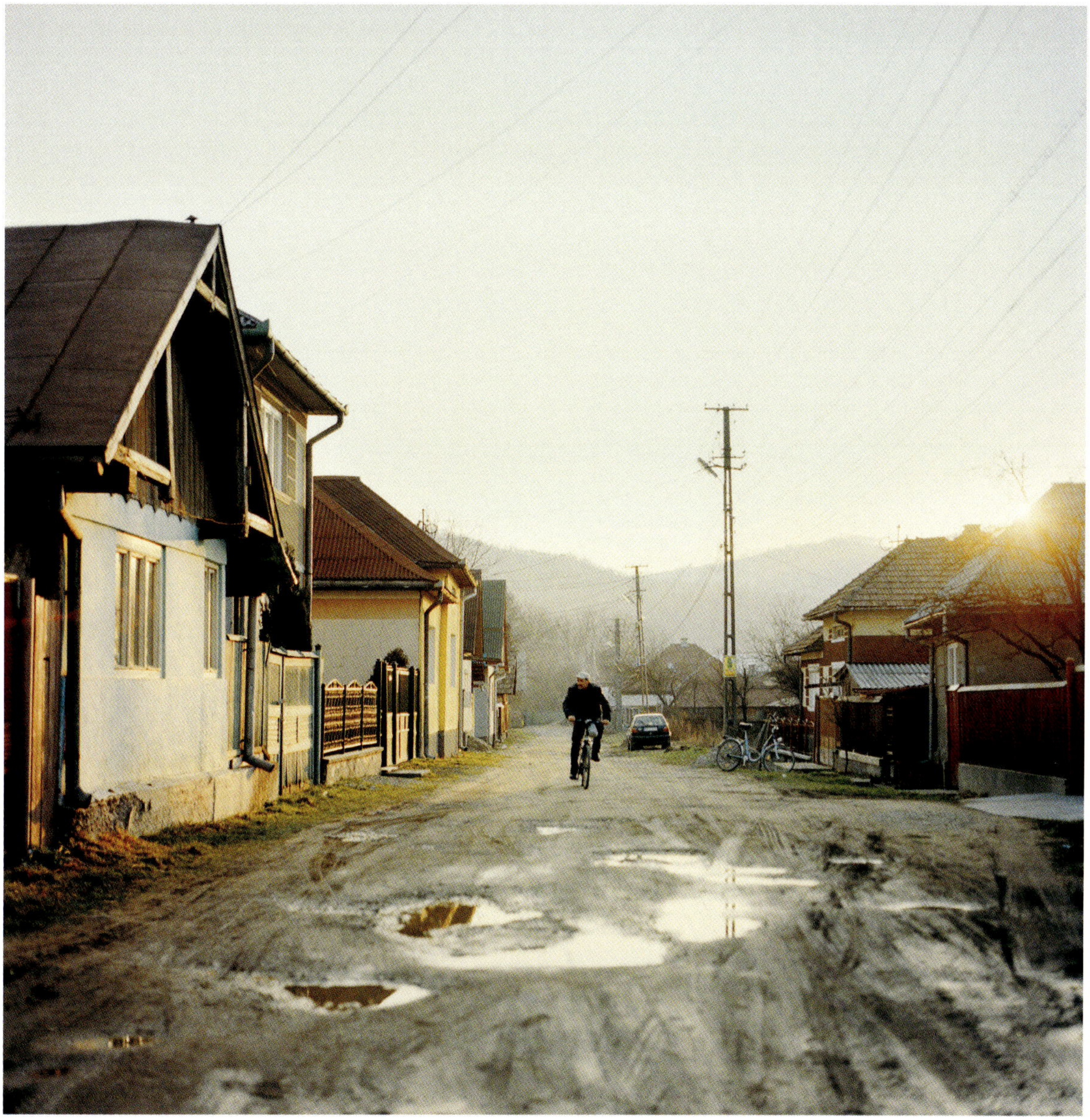

Si l'on prend la route qui mène au soleil levant.
Catching the road that heads toward sunrise.

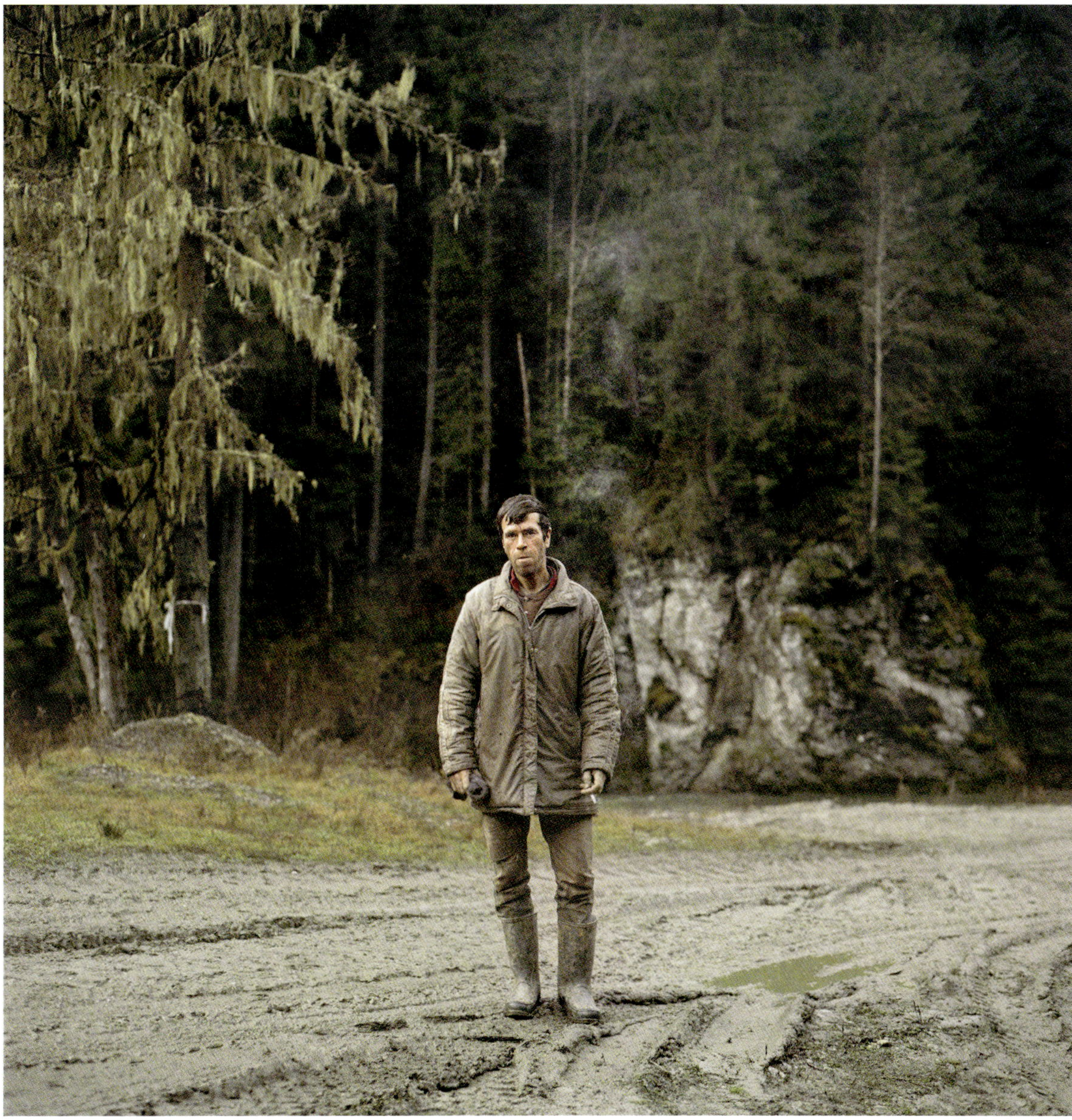

Il n'en a pas démordu, comme un rocher.

He stuck to his word like a rock.

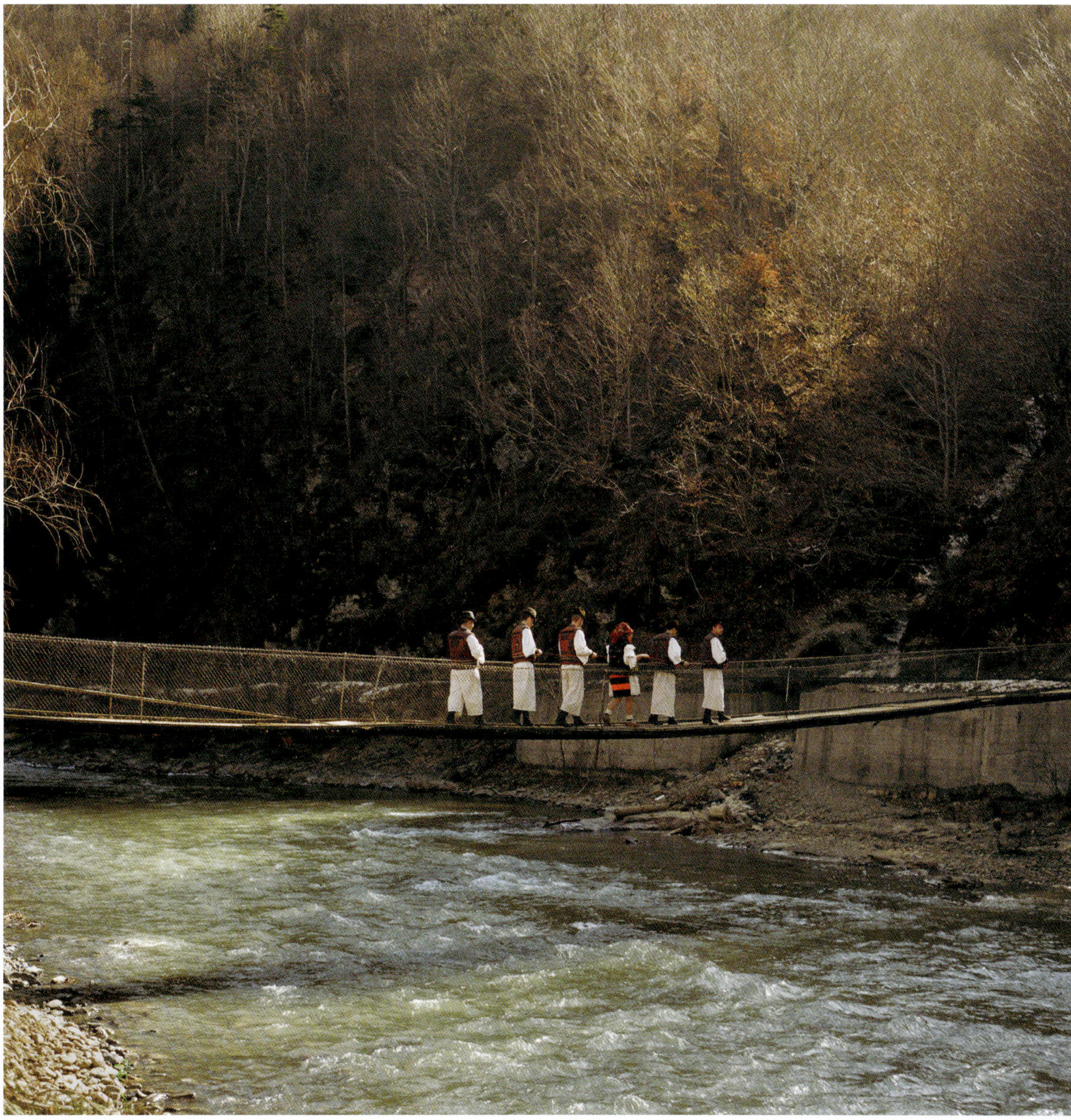

La route était longue, plus longue encore.

The way was long and even longer.

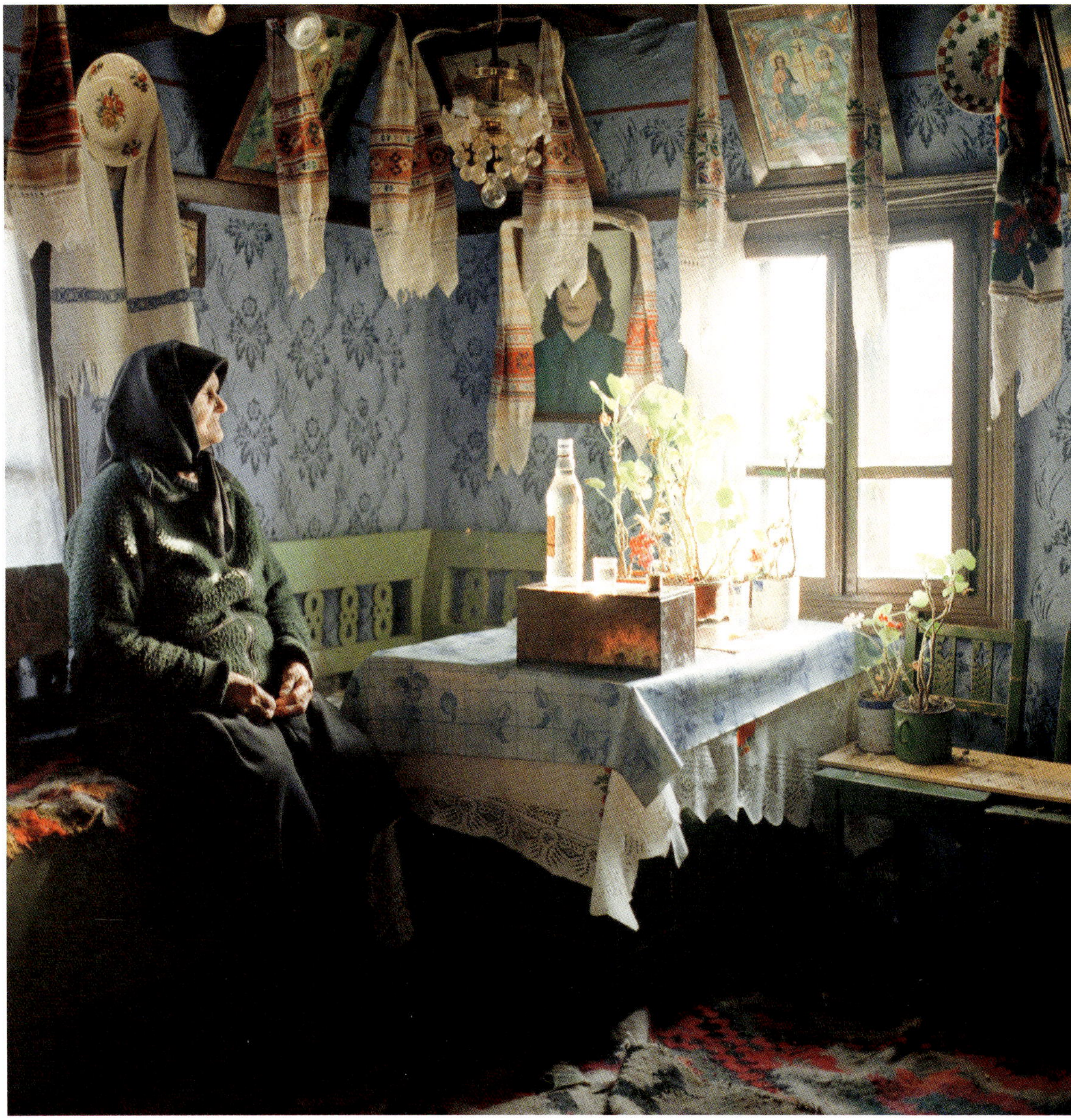

Elle a été une femme comme les autres.
She was once a woman like other women.

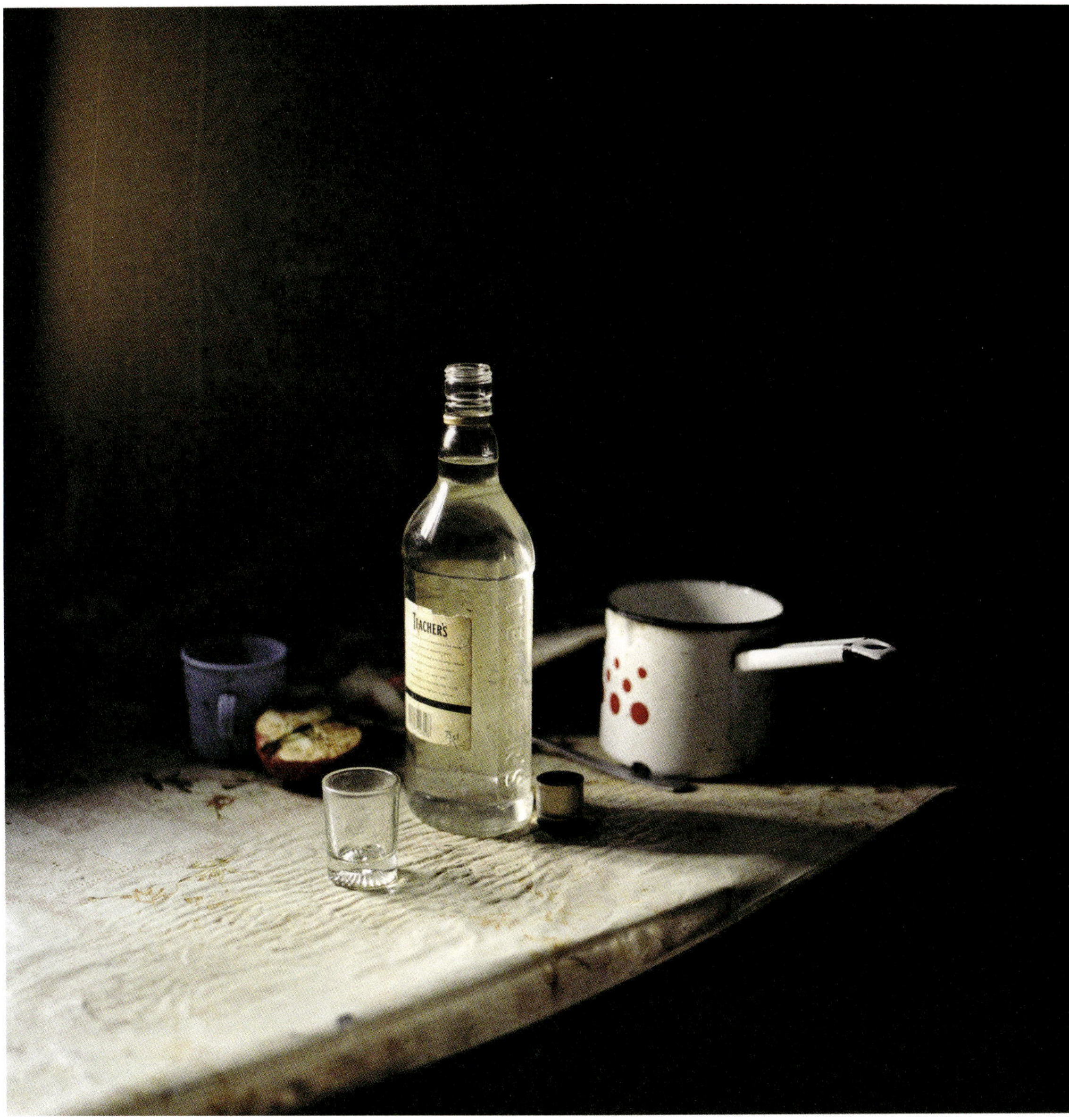

Le lendemain, comme le jour naissait.
The next day, when the dawn poured forth.

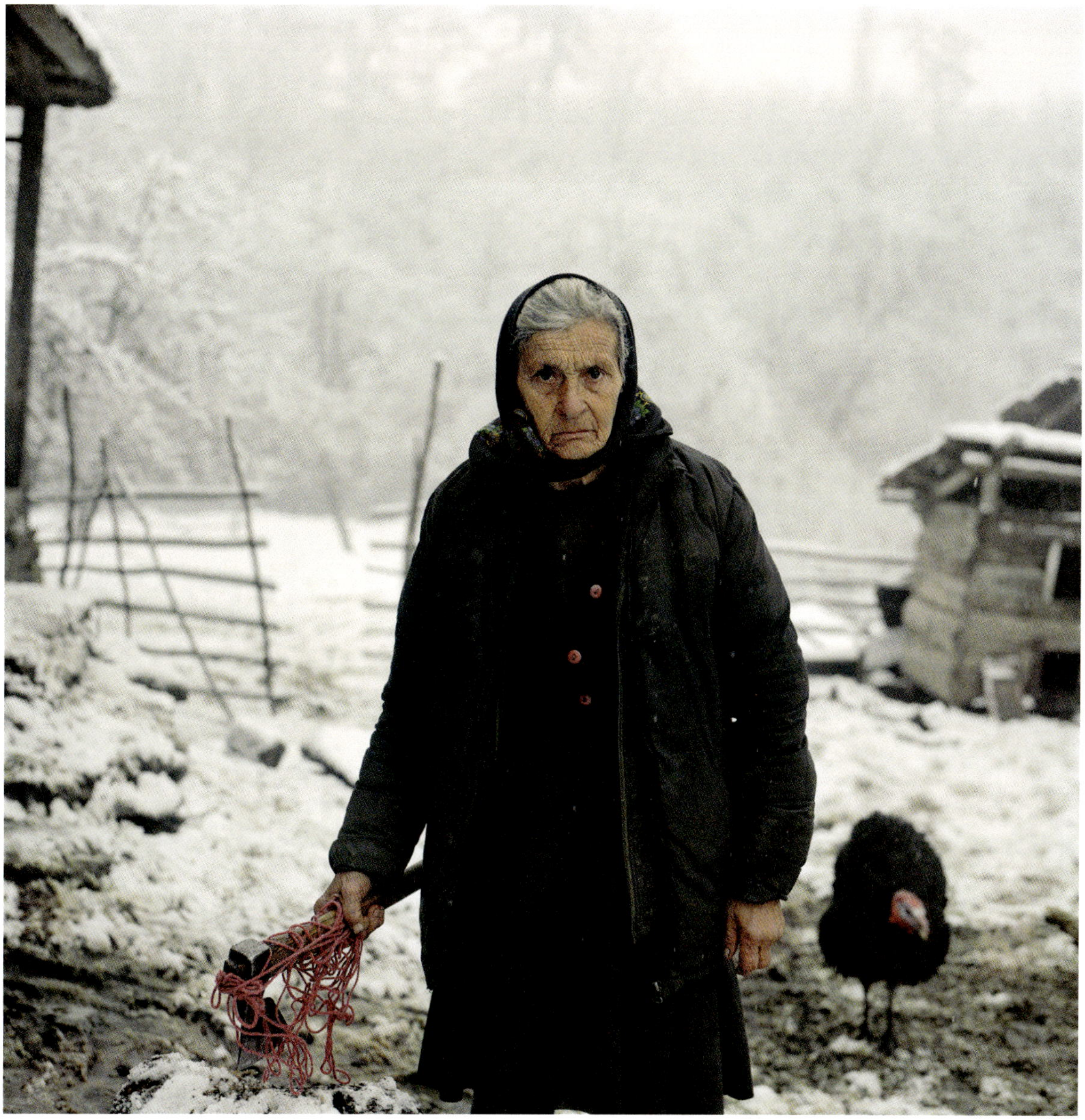

S'il n'avait pas été là, je t'aurais fait rôtir. Mais maintenant, c'est toi qui m'as mangée.
If it weren't for him, I'd have eaten you roasted. Now, how ye waverly, width is you who have eaten me.

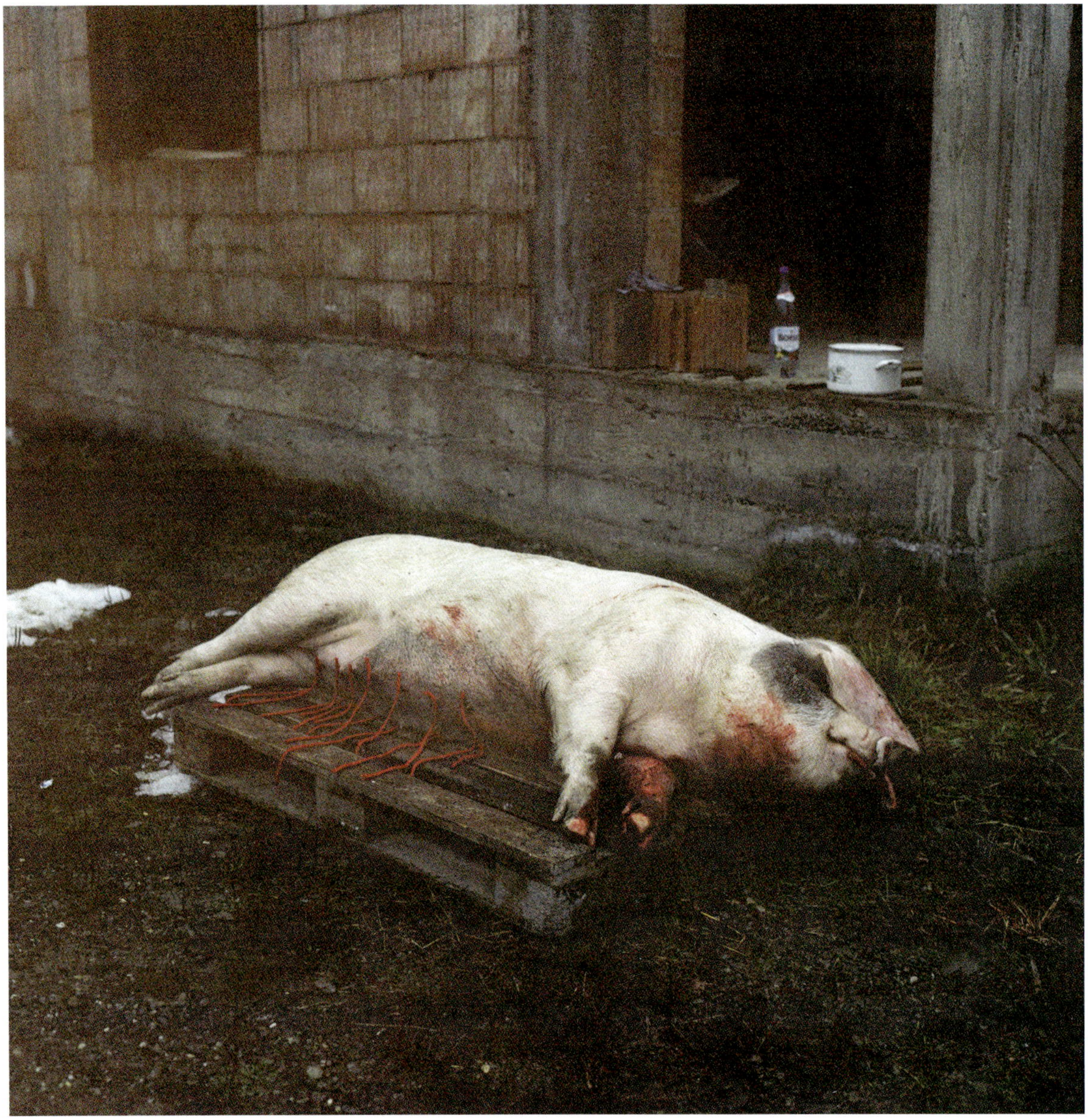

Longue vie à vous. À votre service, monsieur.

Long life, master. At your service.

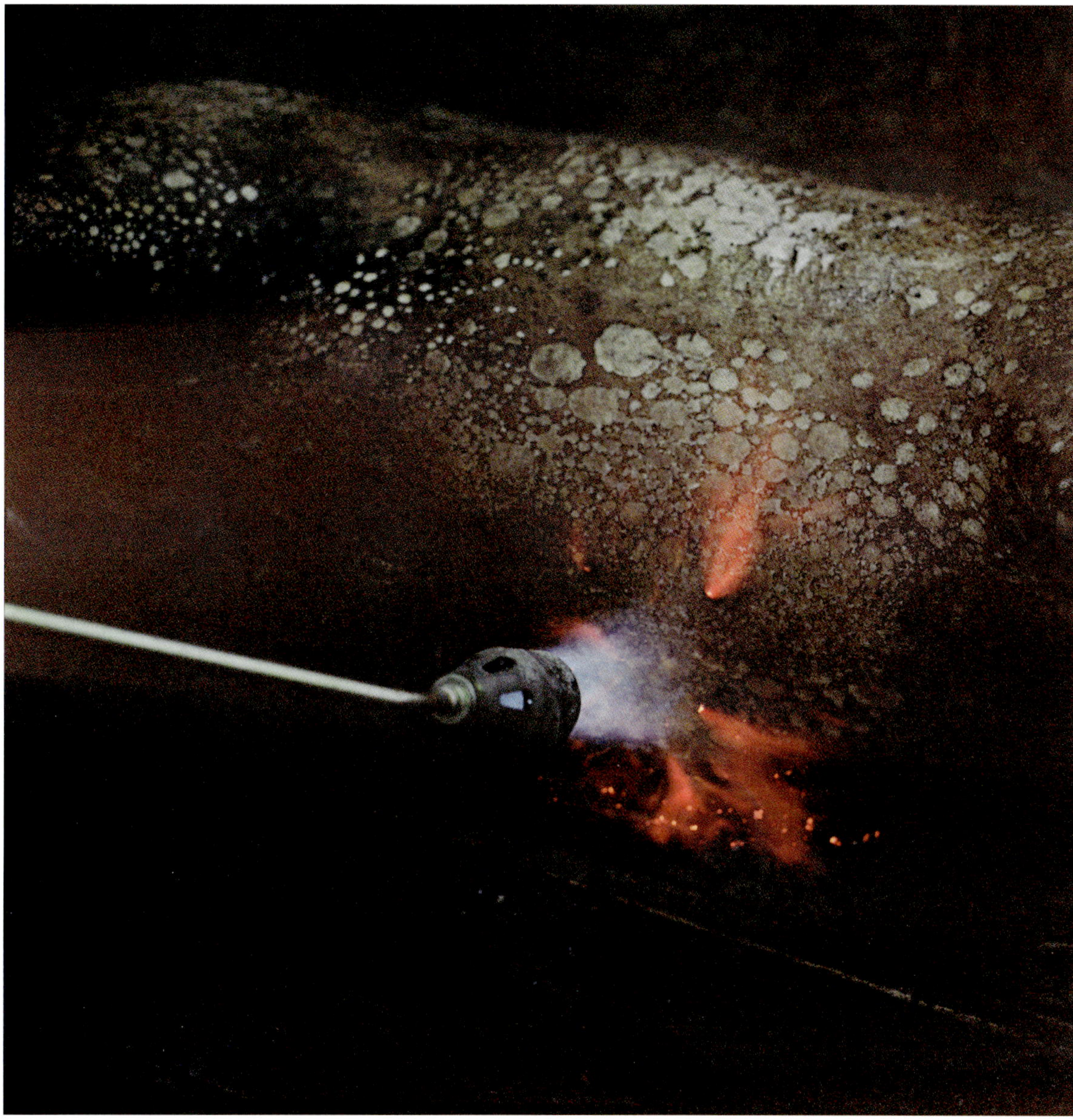

Elle n’avait pas voulu le blesser.
She meant him no harm.

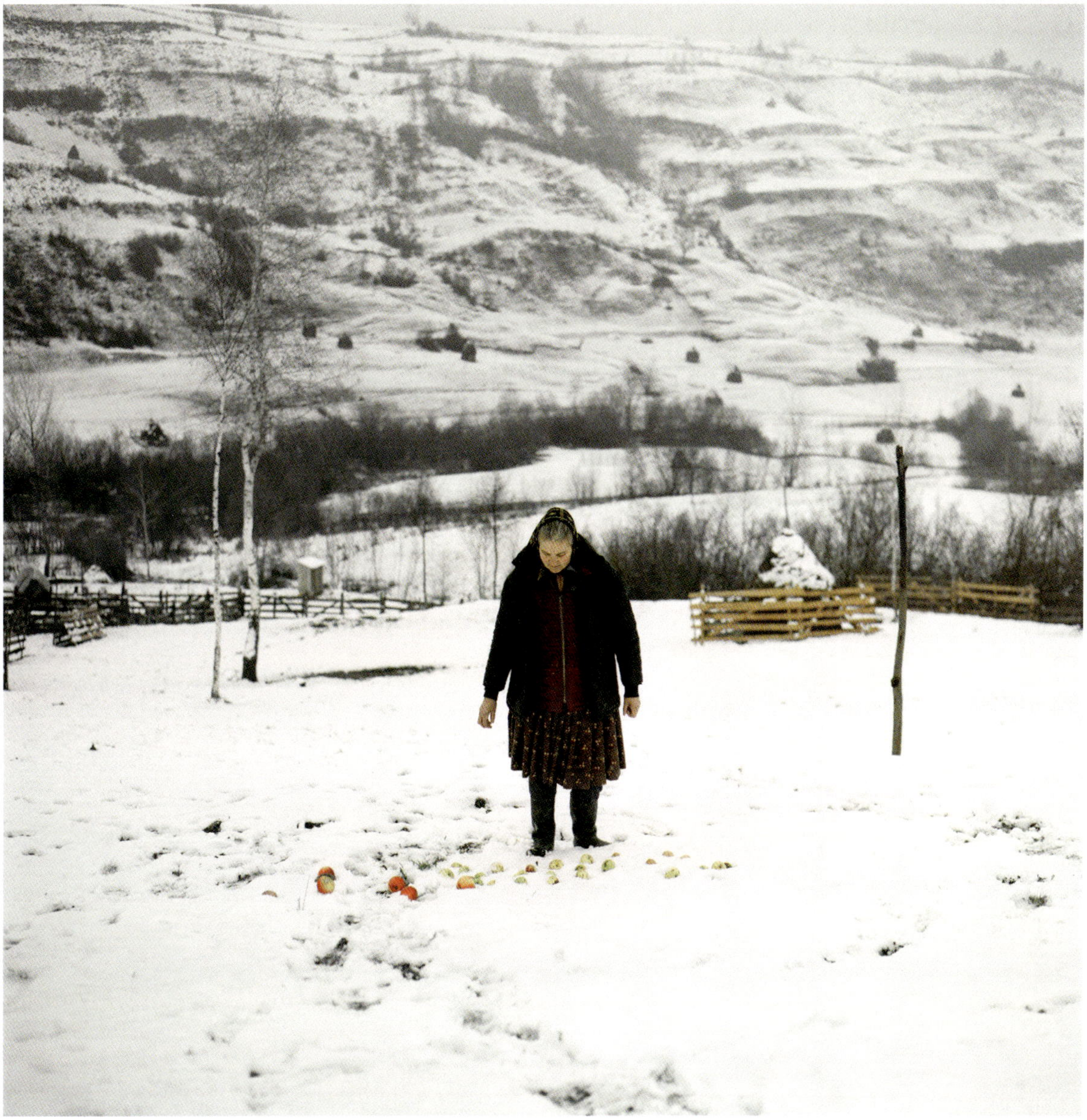

Tu sais, tu ne peux t'en prendre qu'à toi-même.

Know that you are alone to blame.

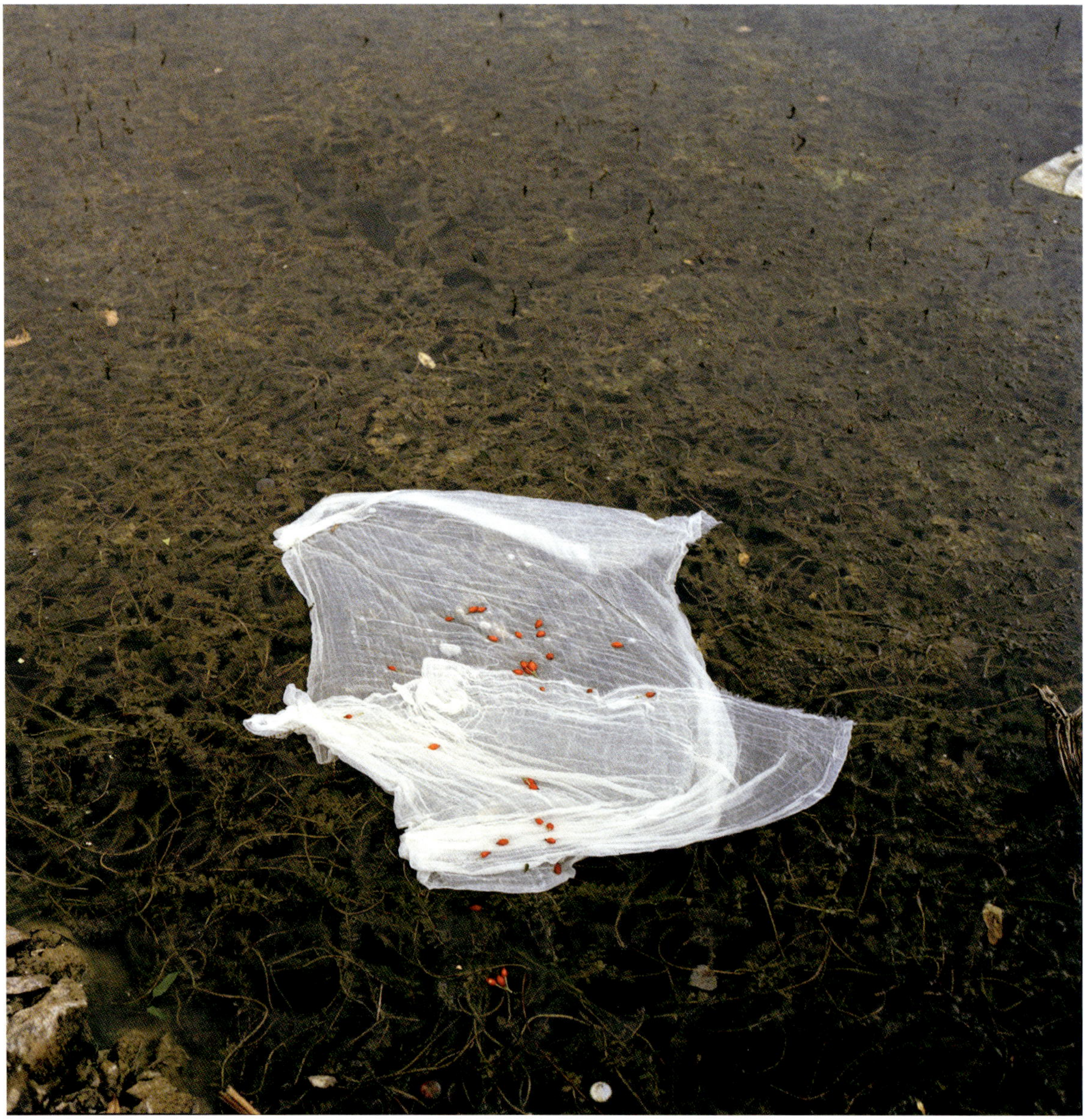

Le moment est venu de tenir ta promesse.
The time has come to give me what you promised me.

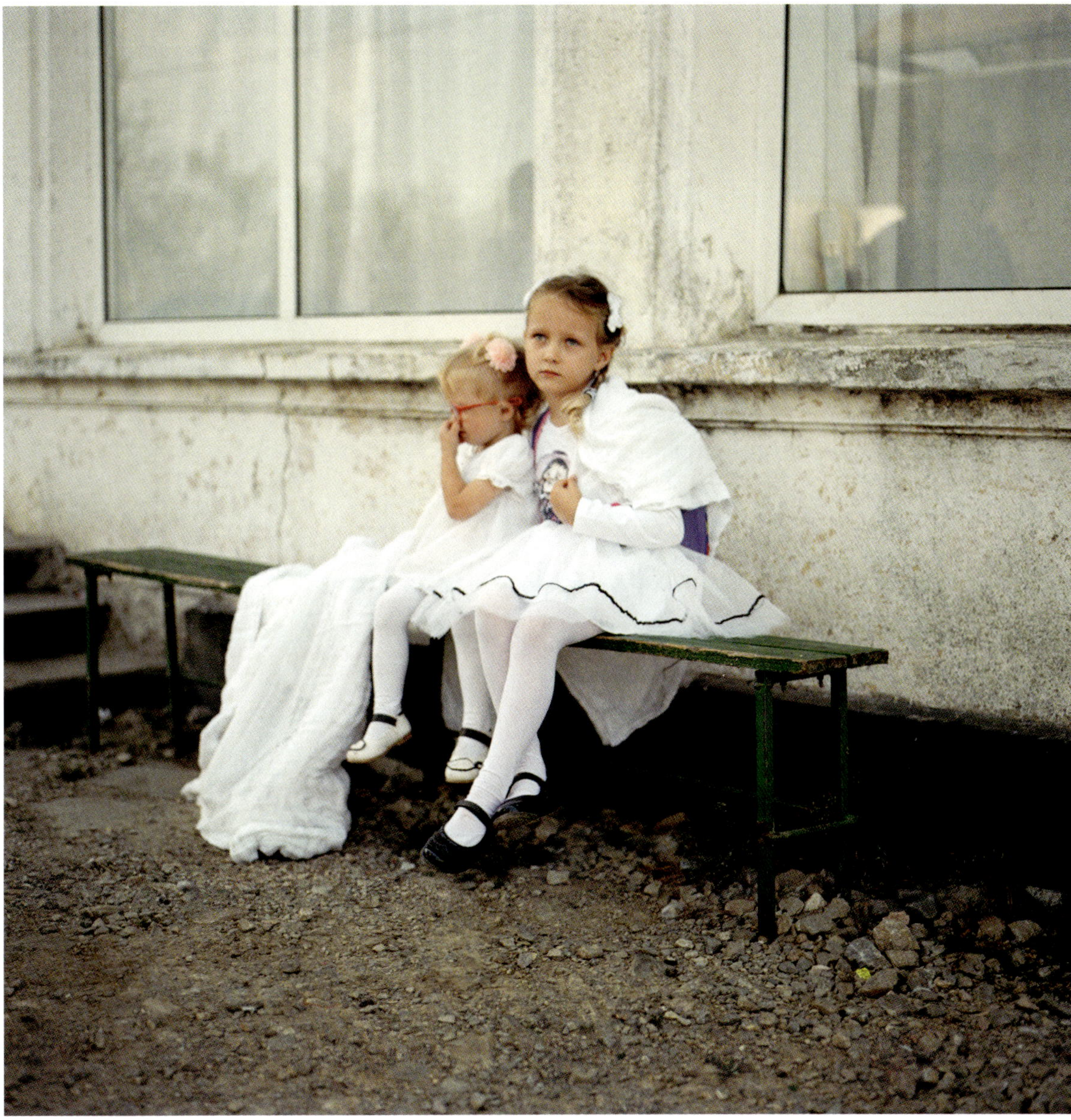

Ils en avaient assez d'être assis là tout seuls.
They were sick and tired of sitting around all alone.

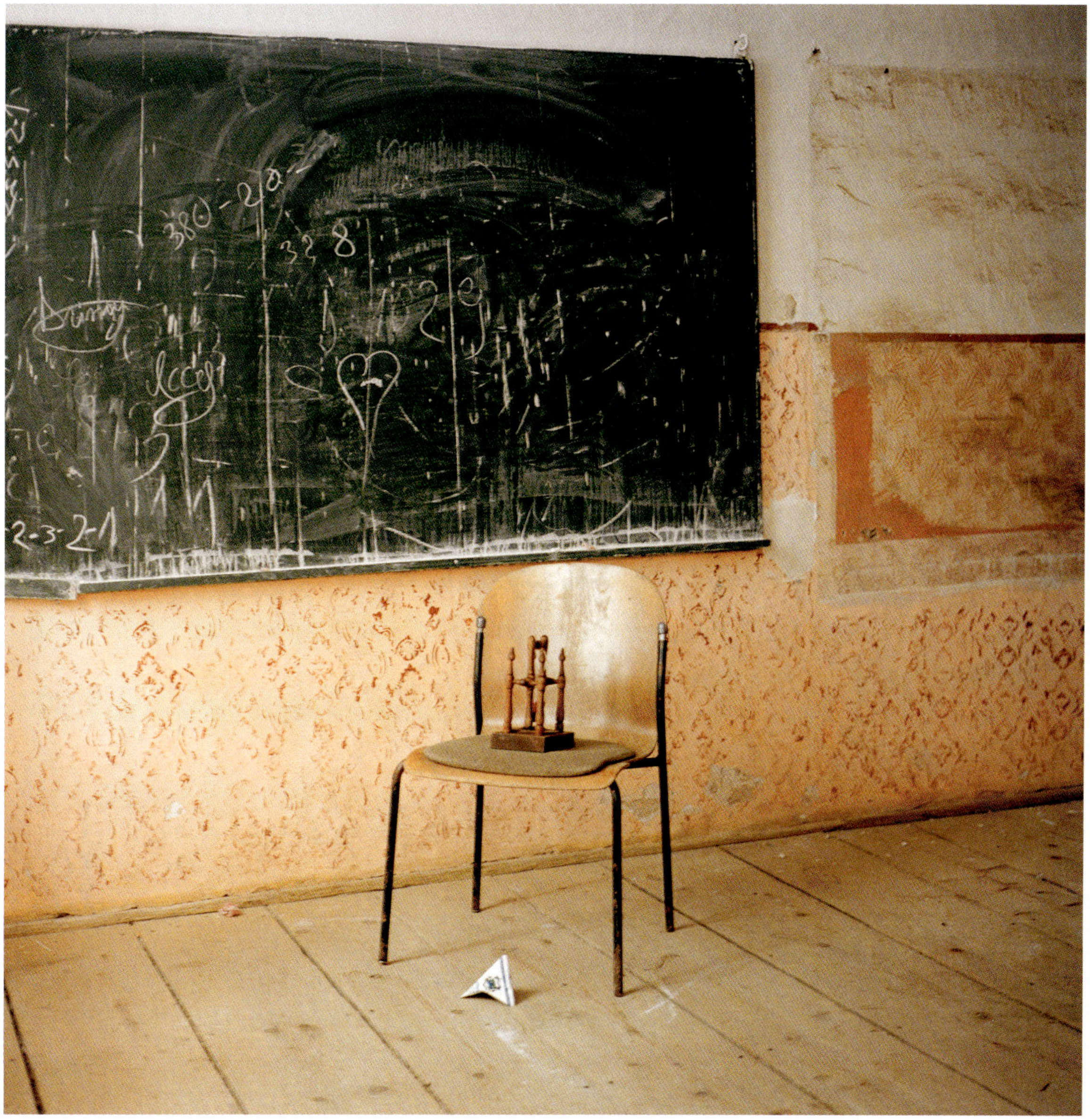

Il y aurait un empereur, de la sagesse de Salomon.

It would have an emperor as learned and wise as Solomon.

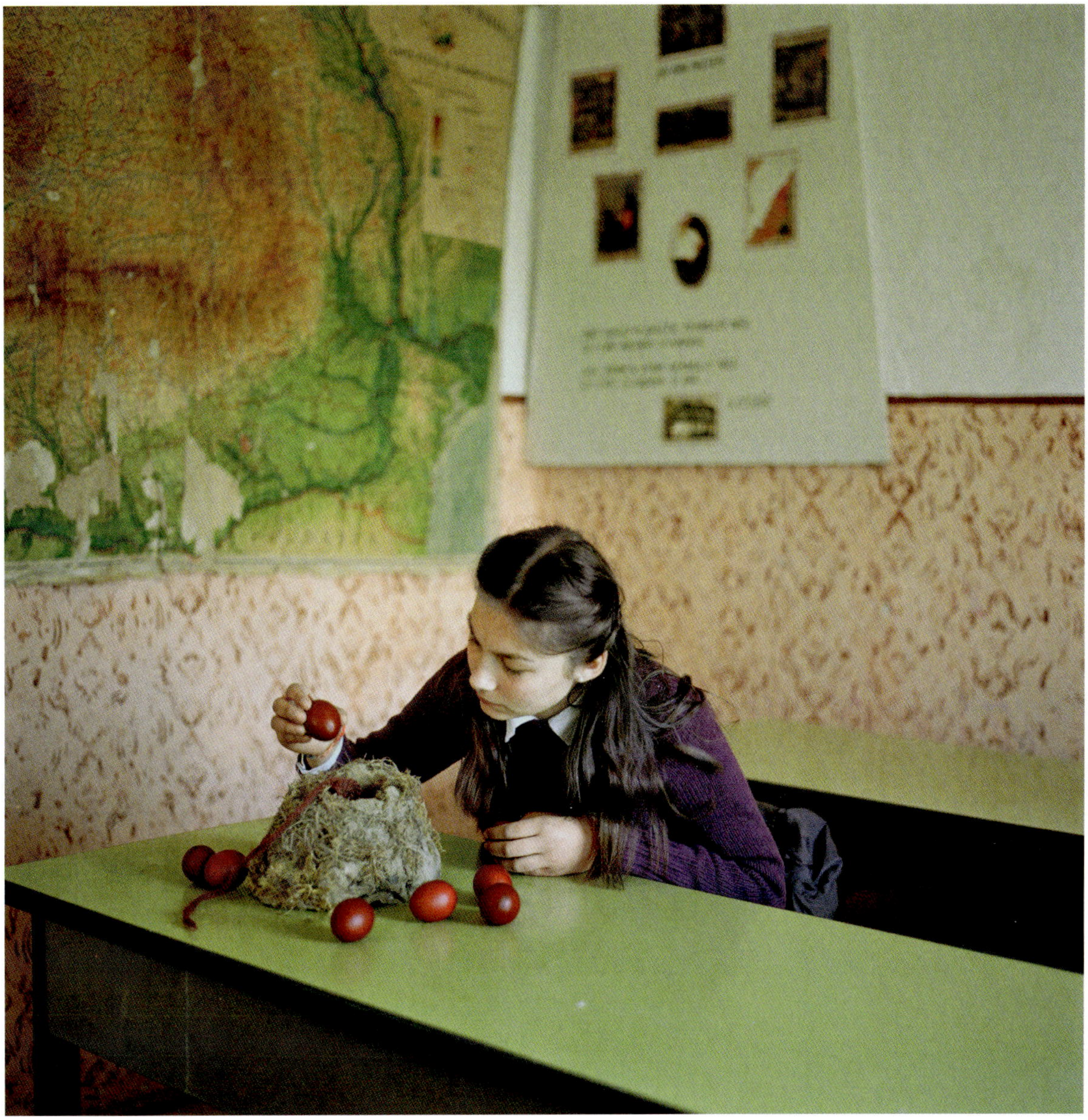

Si les humains en sont capables, il va falloir que nous volions.

If human beings can, we'll have to fly.

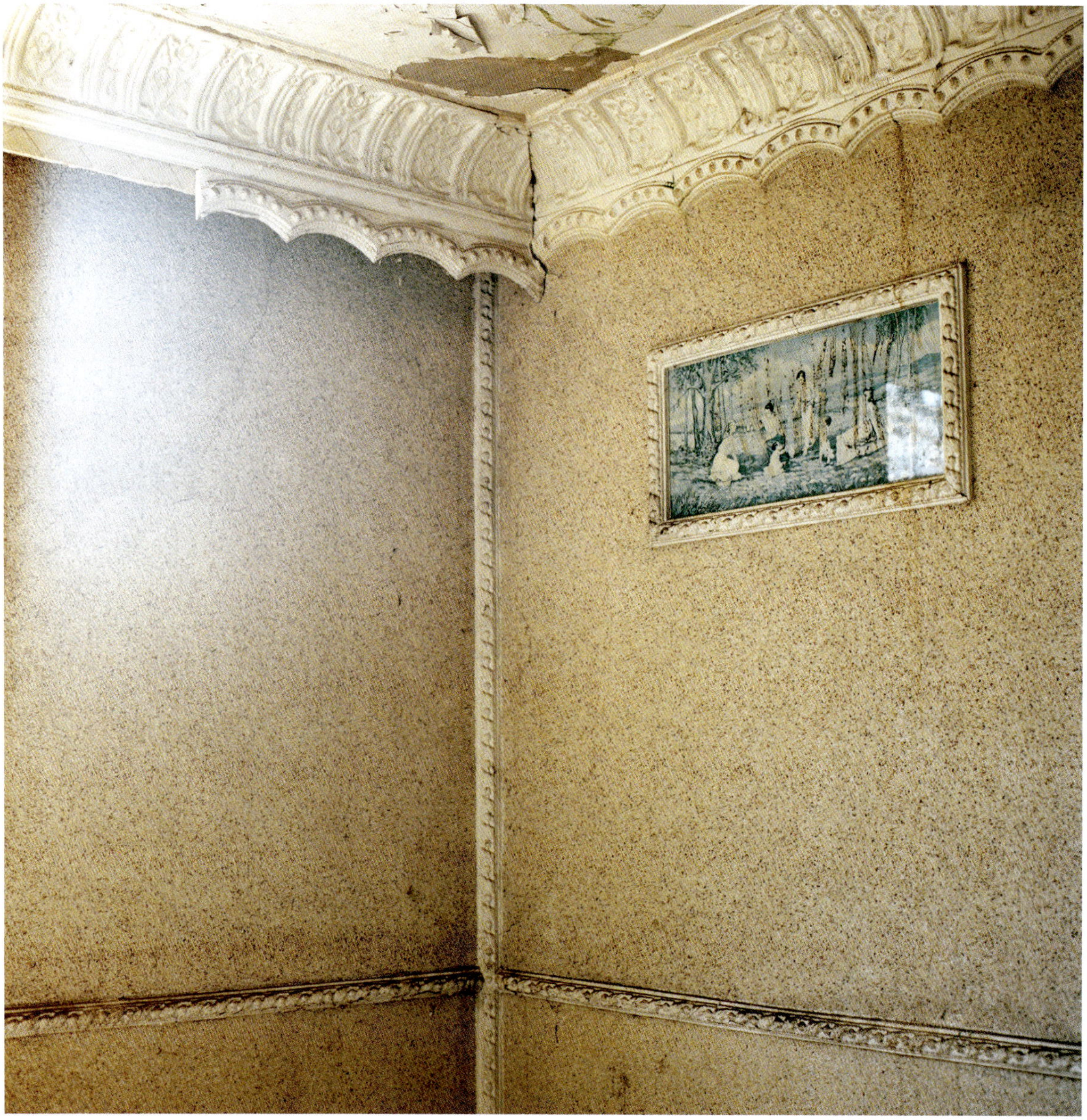

Quand les mouches ont laissé leurs traces sur le mur.

When flies wrote themselves on the wall.

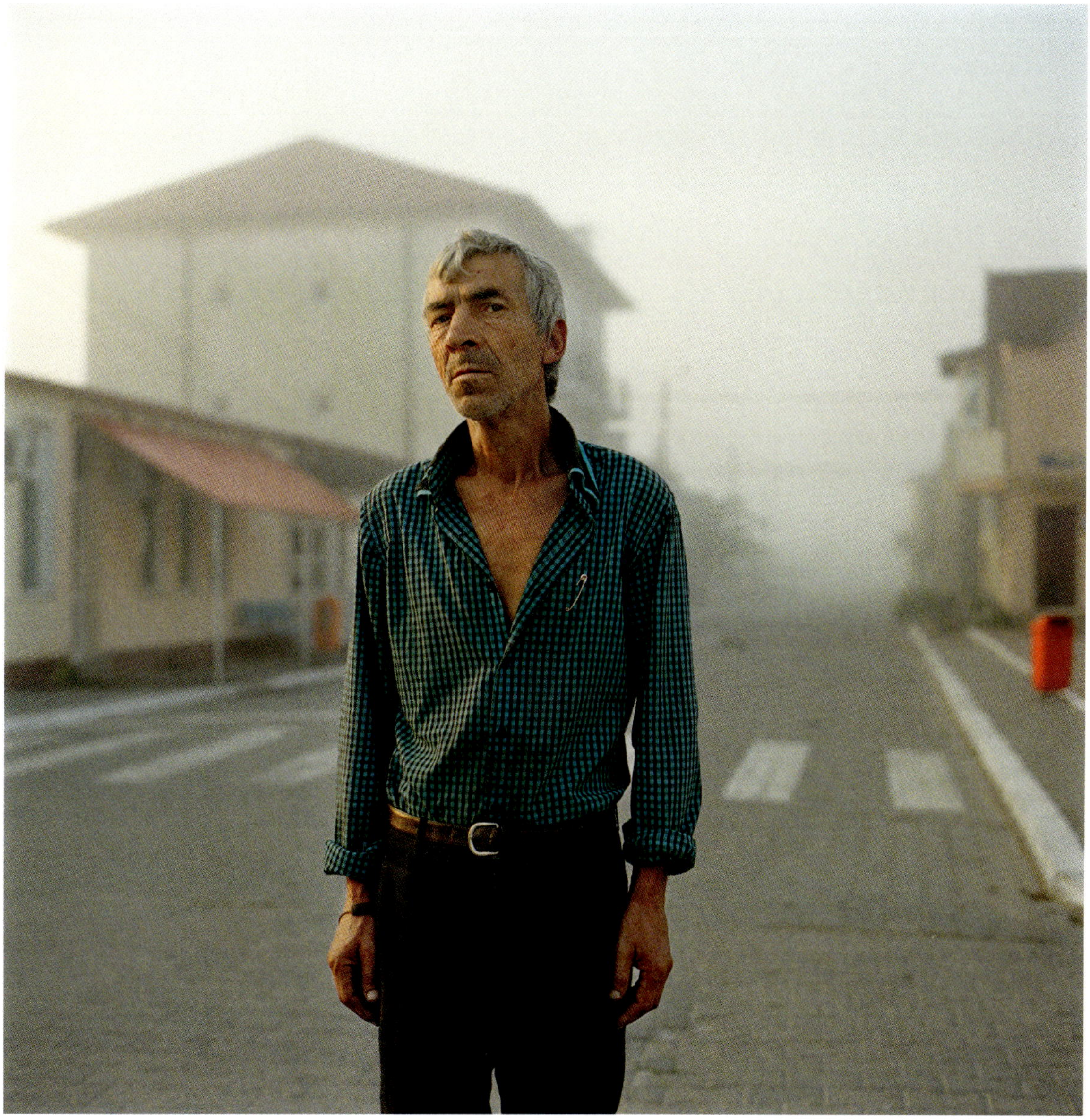

Il allait de-ci de-là mais un jour il est parti courir un lièvre.

Wanderers, but one day he took off after a hare.

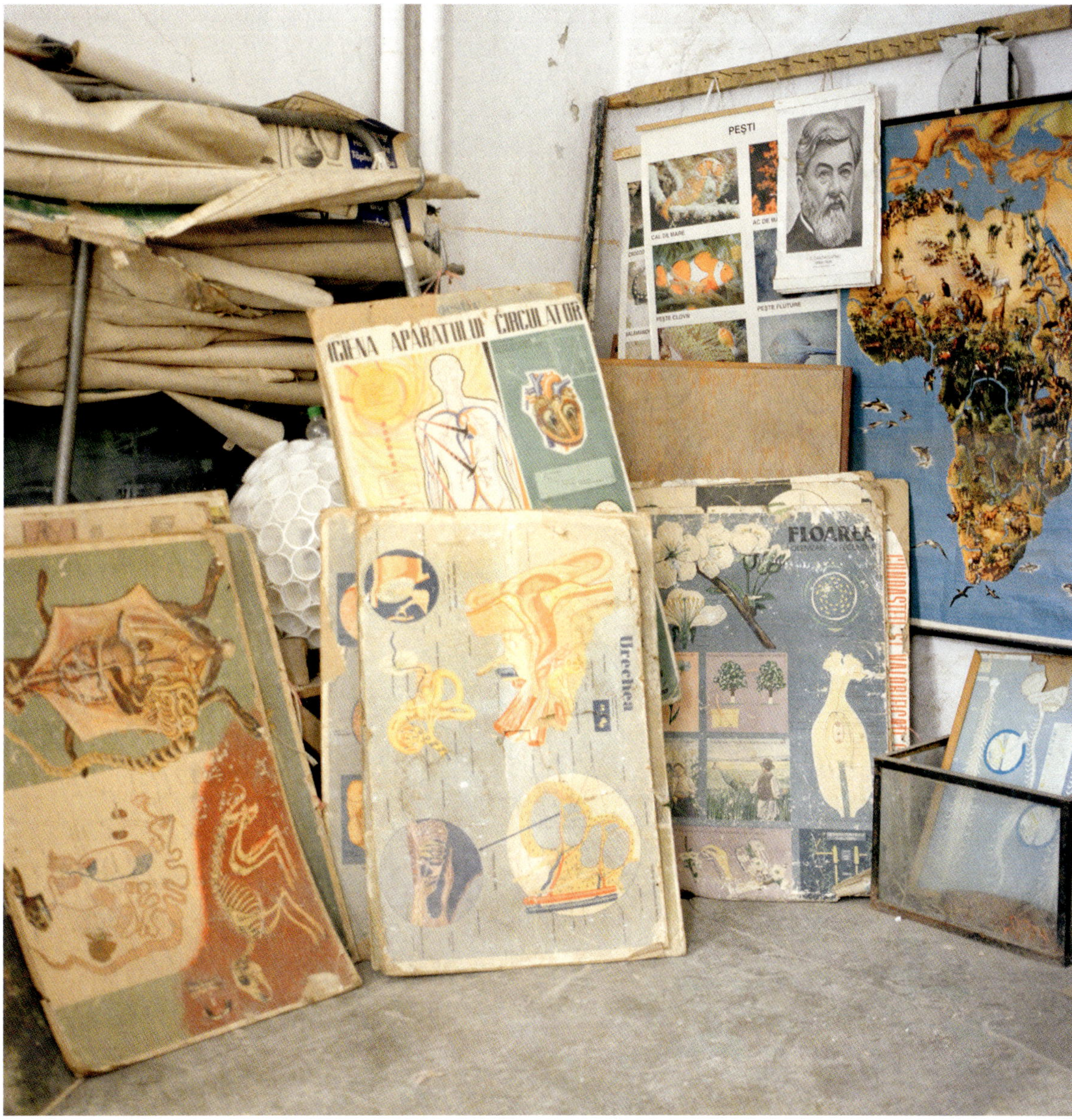

Parce qu'il n'y a pas d'histoire sans un fond de vérité.
Cause if it couldn't be true, it wouldn't make a story.

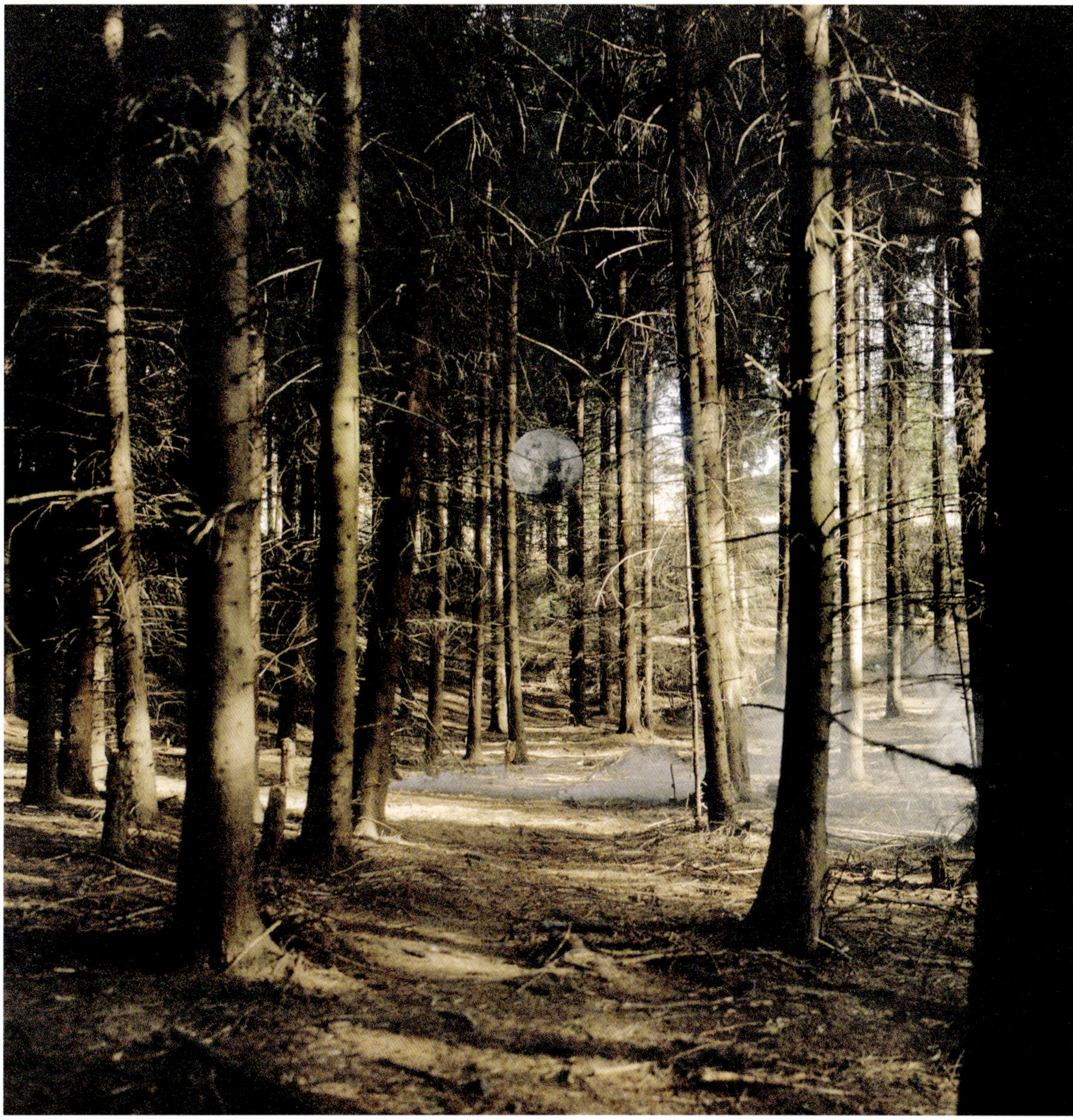

La forêt lunaire.

The lunar forest.

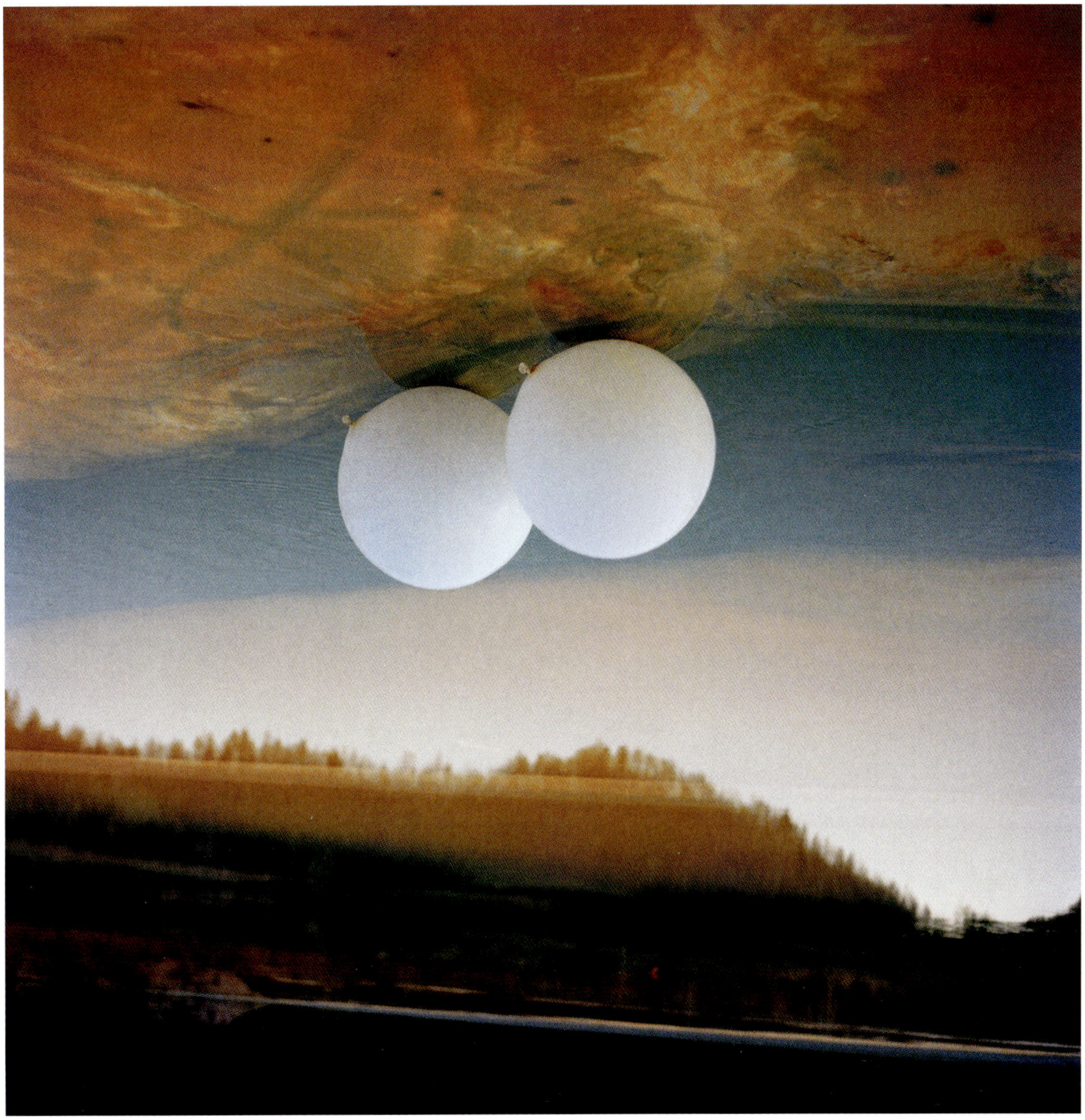

Impossible de gagner avec eux.

There is no way to win with them.

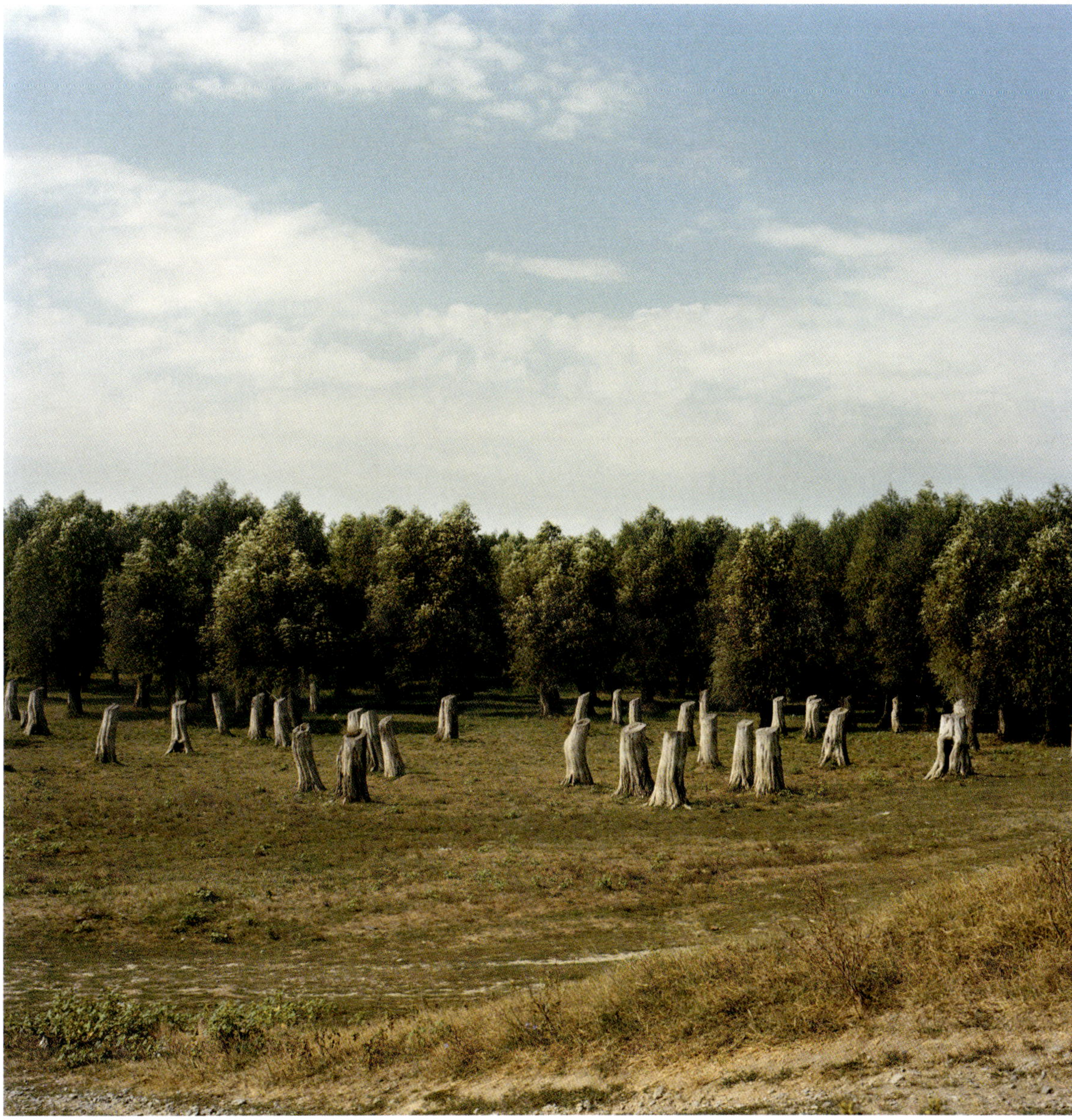

Et soudain la forêt s'est mise à bouger.
And all'f a sudden the whole forest began to move.

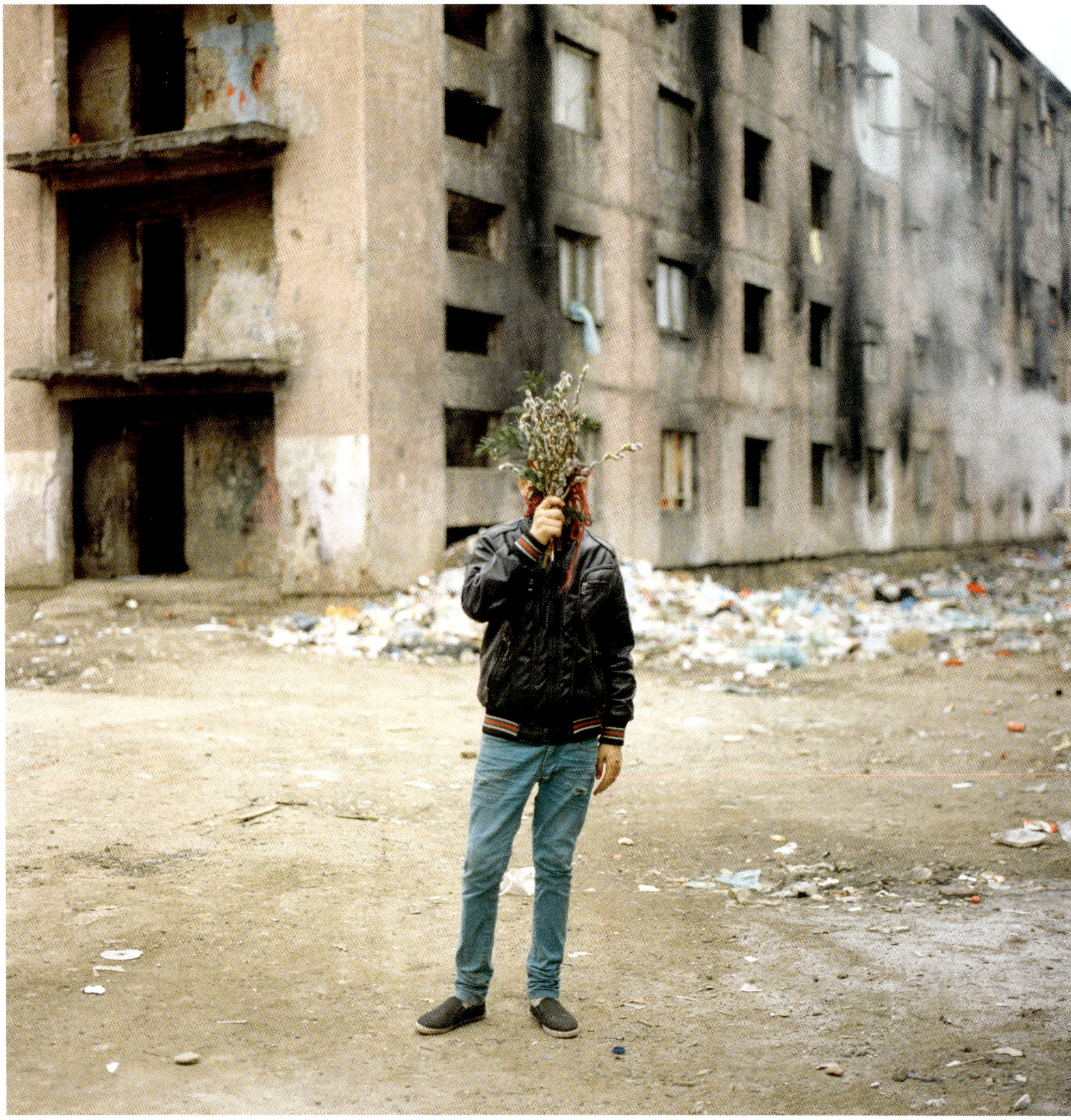

Il restait planté comme un piquet.

He stood straight as a candle.

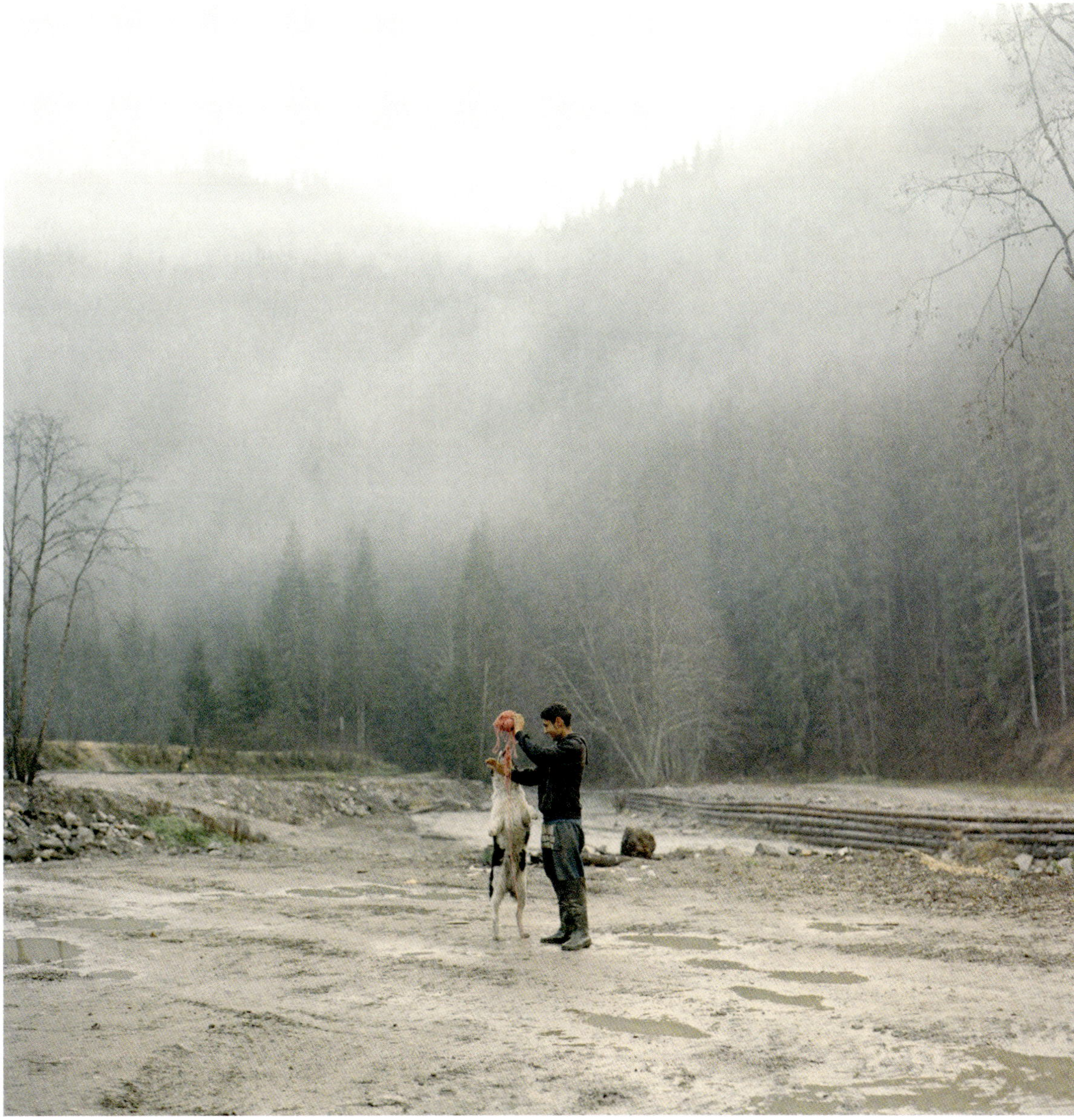

Attrapes-en un [ou une] par la queue.

Yank one by the tail.

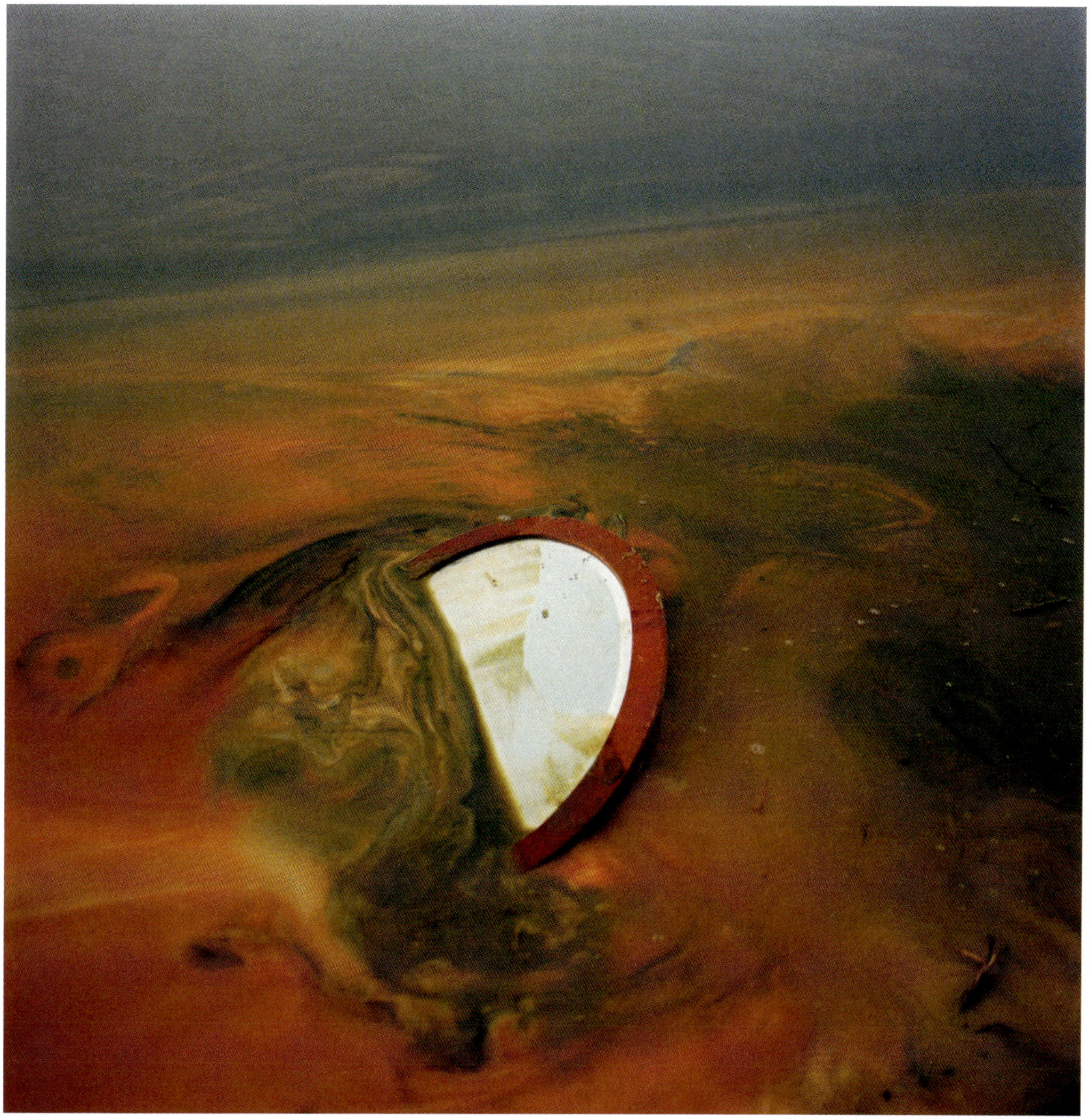

Ciel et cyanure.

Heaven and cyanide.

NE PAS VIEILLIR, NE PAS MOURIR

ENTRETIEN AVEC THYAGO NOGUEIRA

Laura, dans toutes vos photos la composition et l'éclairage sont très élaborés, ce qui suggère un solide bagage sur le plan visuel. Quelle formation avez-vous reçue en photographie et en quoi a-t-elle influé sur votre travail ?
J'ai étudié la photographie au London College of Communication et à l'université de Brighton, ce qui m'a permis de disposer d'espace et de temps pour explorer cette passion que je me découvrais. Dès lors que j'ai reporté mon intérêt pour la peinture sur la photographie, j'ai été mordue. C'est devenu totalement une obsession. J'avais l'habitude de passer le plus clair de mes trajets en train à dessiner des inconnus, je me suis mise à les photographier et à arpenter Londres avec un objectif Pentax 35 mm et des rouleaux de pellicule Ilford, que je développais chez moi.

Quel a été l'élément déclencheur de ce projet et pourquoi avez-vous décidé de travailler en Roumanie, alors que vous ne connaissiez ni le pays ni la langue ?
Il y a de multiples raisons à ce projet mais le choix de la Roumanie n'était pas impératif. J'avais envie d'un défi personnel à relever, d'une aventure. Je me lance toujours dans de nouveaux projets avec le désir d'expérimenter et d'apprendre du nouveau. En l'occurrence, je voulais travailler en dehors du Royaume-Uni et aborder le portrait de façon plus dynamique. J'avais envie d'images qui soient davantage de l'ordre de la création, et pas seulement des réactions à un vécu. Proposer des idées originales est toujours un objectif qui vous tarabuste et peut paralyser. Mais j'ai réalisé que j'avais besoin de construire ma propre histoire et de me perdre dans une aventure. Cette quête me procurerait alors la liberté nécessaire pour explorer ce qui m'intéressait sur un mode plus poétique que factuel.
Quand je suis arrivée en Roumanie pour la première fois, en 2011, j'y ai trouvé tout ce qu'il me fallait. Ce pays m'a offert un lieu pour réfléchir, pour apprendre, un lieu qui m'inspire. La pâleur des couleurs, la lenteur du rythme de vie, la cohérence naturelle des ambiances m'ont amenée à repenser la façon d'aborder l'élaboration d'une image. J'ai eu envie de faire entrer l'environnement à l'intérieur du cadre de manière plus abstraite que dans mes précédents projets. J'ai senti qu'au lieu de documenter un certain contexte, je pouvais créer un environnement qui traduise visuellement ce que je ressentais quand j'y étais.

Ce projet s'inspire d'un conte populaire roumain, l'histoire d'un prince qui ne voulait pas vieillir ni mourir. La quête de l'immortalité ou de l'éternelle jeunesse a maintes fois été traitée en littérature et en musique, depuis Faust jusqu'à Dracula, qui vient d'ailleurs de Roumanie. Comment avez-vous pris connaissance de cette histoire et qu'est-ce qui, de prime abord, a retenu votre attention ?
Dans ce conte, le personnage principal a été promis à la vie éternelle, à un monde où le temps s'est arrêté. Parvenu à l'âge adulte, il apprend qu'il n'en est rien et il s'engage alors dans la quête d'un monde éternel, cherchant le moyen de vivre pour toujours. Ce désir de ralentir la marche du temps et de la contrôler m'a toujours fascinée. Ce qui me paraît intéressant c'est qu'une fois arrivé dans le village où il trouve l'éternité, il demeure insatisfait. Peu importe le nombre de fois où l'on parvient à figer le temps, on n'est jamais comblé. De tristesse, il rompt le sortilège et part à la recherche de ceux qu'il a laissés derrière lui. Mais le temps a fait son office, tout est mort, très vite il vieillit et devient lui-même poussière. Ce conte m'a enchantée, je me sens des affinités avec le personnage principal et avec les thèmes évoqués. Cette lutte pour capturer le temps, cette idée d'affliction et de tension intérieure que nous ressentons tous, à la recherche d'un plein assouvissement. Après mon troisième ou quatrième voyage, j'ai commencé à comprendre quelles étaient les notions qui m'incitaient à revenir. Il y avait le goût de l'aventure. Je me trouvais dans un lieu à la fois très proche de chez moi et tellement différent. L'isolement, géographique mais aussi social, était une chose nouvelle pour moi. Initialement, j'étais partie à la suite de la mort soudaine d'une personne de mon entourage. Il s'agissait de quelqu'un de jeune et cela m'a forcée à réfléchir, naturellement, au temps qui nous reste à chacun et à ce que nous ferions, sachant qu'il nous est compté. Ces questions

existentielles dont je parlais ont conduit mon interprète à me raconter de nouveau le conte populaire, qu'il trouvait cohérent avec ma démarche. J'étais aussi de cet avis et j'ai pensé qu'il pouvait servir de fondement à mon projet, comme catalyseur poétique universel.

Vous n'aviez donc pas en tête, en partant pour la Roumanie, ce que vous vouliez photographier ?
J'ai toujours une idée de ce que je peux être amenée à faire ou des endroits où aller, susceptibles de m'offrir des circonstances intéressantes. Mais, avec ce projet, pour la première fois je n'ai pas su exactement, d'une manière générale, quel genre de prises de vue j'allais faire. J'envisageais un projet sans contraintes, qui m'incite à lâcher prise. Le plus grand défi qu'entraîne pareil parti pris est le choix d'un sujet tellement vaste que c'est son approfondissement qui va constituer l'œuvre elle-même.

Chez certains artistes, le médium utilisé et ses aspects techniques déterminent autant ce qu'ils veulent exprimer que ce qu'ils montrent. Votre projet associe pellicule argentique et polaroïd. Pourquoi avoir choisi ces deux procédés photographiques ?
J'ai toujours utilisé de la pellicule argentique pour mon travail personnel. Le processus est essentiel en ce qu'il ralentit ma pratique d'élaboration des images et fournit un espace où établir des liens avec mes modèles. Il m'oblige à me maintenir dans le moment présent. La technique de l'argentique se révèle plus naturelle et amusante aussi, elle transforme miraculeusement mon regard, autrement que ne le fait le numérique. J'aime l'idée de rêver à ce que la photo va produire, de transposer mon interprétation d'une chose vue dans l'imaginaire et de ne pas savoir ce que cela va donner tant que le cliché n'a pas été révélé. Le polaroïd présente aussi ce risque supplémentaire d'imprévisibilité. La beauté réside toujours dans les erreurs et dans la réaction parfois inattendue des produits chimiques.

Le scénario d'un film est souvent assimilé à un roman, alors que le caractère fragmentaire de la photographie est comparé à l'écriture d'un poème. Dans la plupart de vos photographies, on sent un regard poétique, renforcé par le fait que vous vous êtes servie pour les légendes de citations du conte. Comment avez-vous associé légendes et images, et quelles sortes de relations entendiez-vous créer par là ?
L'image doit tenir toute seule, sans texte, mais je pense que les mots peuvent l'enrichir. Chez moi, les titres et les citations font tellement partie intégrante du processus de réalisation de l'œuvre qu'il m'a paru naturel de les inclure. Les images sont ouvertes à l'interprétation mais les citations extraites du conte, un peu bizarres, les inscrivent dans le contexte qui m'a inspirée pour réaliser cette œuvre. Je me suis aussi intéressée aux multiples interprétations du conte : au niveau de la traduction du texte ou de son adaptation mais aussi des réactions des lecteurs. Une partie de mon travail a notamment consisté à demander à des enfants de l'école primaire, en Angleterre, de dessiner des story-boards après avoir écouté l'histoire. Leurs illustrations m'ont aidée à produire quelques-unes des parties abstraites de mes photos.

Un éclairage tamisé, une palette pastel et l'emploi restreint de quelques éléments donnent à vos photographies une superbe qualité picturale. L'une d'elles ressemble même à une nature morte classique du XVIIe siècle, avec une pomme blette et une bouteille posée sur une table (même s'il s'agit d'une bouteille de whisky industrielle !). Dans la peinture classique, les natures mortes étaient composées avec soin et destinées à véhiculer des idées religieuses ou morales. Quelle lecture faites-vous de cette photo particulière ?
Ce que j'aime souvent à propos des images, c'est que l'expérience vécue peut être très éloignée de la façon dont elles sont perçues. C'est une nature morte avec une bouteille de ţuică (un alcool roumain traditionnel) qu'une femme âgée avait chez elle. Cette nonagénaire est la grand-mère la plus vive et alerte, en meilleure santé, que j'aie jamais rencontrée. Elle avait une force surhumaine. Quand je lui ai demandé le secret d'une longue vie en bonne santé, elle a désigné cette bouteille et nous en a servi un peu à chacun en disant : "Un verre par jour" et, avec un clin d'œil, elle a bu d'un trait.
Mes acquis artistiques viennent de la peinture et du croquis. Les œuvres qui suscitent de l'émotion et celles qui transportent le spectateur dans un monde autre ont eu une influence sur moi. Souvent, les peintres donnent forme, ils ne

capturent pas. C'est la façon dont Egon Schiele crée ses personnagees d'une si grande d'intensité et dont Lucian Freud réalise ses portraits si évocateurs ; ces figures ont une profondeur, une histoire, une vie propre.

Dans vos photographies, la lumière est souvent diffuse, indirecte, et les personnages semblent saisis dans un mouvement interrompu. Cela crée une atmosphère mystérieuse, comme si quelque chose était dissimulé au spectateur. Des éléments comme la hache, le cochon mort ou le regard interrogateur des jeunes filles introduisent une note menaçante dans vos photos. Cette atmosphère était-elle sensible dans le village ou est-ce quelque chose que vous avez créé intentionnellement, et pourquoi ?
Je crois que, tout naturellement, j'étais tellement plongée dans le déroulement des opérations que j'ai projeté une part de moi-même dans l'image. L'atmosphère et la tonalité des images résultent de la combinaison de plusieurs choses : mes idées, ce que je ressens – comme le temps qu'il faisait, par exemple – et la situation elle-même – le fait que le cochon venait d'être tué. Une grande part de ce travail est affaire de combat et de recherche. Le cheminement est essentiel dans la définition de l'atmosphère. Qu'il s'agisse d'un voyage, d'une histoire ou d'un projet, il y a toujours des hauts et des bas, des frustrations et des moments d'avancée et de joie ; autant de choses qui se manifestent au moment de la prise de vue. Je ne demande pas à mes modèles de sourire, je les encourage à être plutôt pensifs. Souvent, ils réfléchissent à un problème ou méditent une pensée. Je crois qu'un regard moins extériorisé est plus saisissant. Cela permet à ces personnes de se sentir plus présentes et tournées vers elles-mêmes, au lieu de montrer un masque.

Sur beaucoup de photos apparaît un fil rouge, qu'on interprète quelquefois comme une représentation du sang, une référence symbolique à la filiation, ou bien comme un lien rompu entre les hommes et la nature. Comment s'est-il introduit dans vos photos et que représente-t-il pour vous ?
Je voulais représenter la part du temps dans mes images. C'était un thème-clé et, comme beaucoup d'autres composantes, il fallait quelque chose qui n'ait rien de spécifique, qui soit simple et ait un certain impact visuel. Une cordelette n'a pas de fin, comme le temps, et cela m'a paru un objet approprié, amusant à faire jouer à l'intérieur du cadre. C'est un symbole prédominant en Roumanie. J'ai découvert qu'il apparaissait aussi bien dans les traditions que dans la vie quotidienne. Pour Mărţişor (la fête du Printemps), par exemple, les gens se servent de cordelettes rouges comme d'insignes pour célébrer le premier jour de la période de Pâques ; aux obsèques, on tisse aussi des sacs rouges qui sont offerts en présent. La cordelette me semble concorder avec beaucoup de mes thèmes sous forme d'un même objet concret. Il était important pour moi qu'elle ne domine pas les images mais laisse au regardeur la possibilité d'approfondir son symbolisme. Je trouve aussi qu'elle attire l'attention sur le fait que la couleur rouge apparaît sans cesse, naturellement, dans presque toutes les images.

L'absence d'éléments contemporains et la présence de vêtements traditionnels sur certaines photographies laissent penser qu'elles pourraient avoir été prises il y a vingt, trente ou quarante ans. Est-ce pour souligner clairement l'atemporalité dont vous parlez ?
Il fallait que le thème du temps soit exploré de façon atemporelle. J'avais envie que ces images appartiennent à un espace où le temps était impalpable. J'ai prospecté des zones urbaines mais beaucoup de clichés ont été éliminés parce qu'ils donnaient une impression familière de civilisation occidentale et une indication temporelle, à travers la mode ou l'architecture.
Les polaroïds, en particulier, sont souvent pris pour des photographies d'archives alors qu'ils ont simplement été réalisés avec de la pellicule périmée. Ce procédé s'est révélé utile pour visualiser comment on pouvait saisir le présent. Il m'a incitée à analyser notre rapport au temps quand on produit des images et quels sont les indices qu'on recherche, tels que la signalétique ou les transports. Le temps dans lequel se déroule le conte n'entre pas en ligne de compte puisqu'il est fictif.

Vous avez mentionné Egon Schiele, peintre qui a aussi été une source d'influence pour un photographe comme Richard Avedon. Celui-ci a déclaré qu'il s'intéressait principalement aux poses des sujets, sans qu'il soit nécessaire

pour autant d'établir une intimité avec les modèles. Vous avez dit aussi admirer le travail d'Annie Leibovitz. Comment parvenez-vous à donner ce sentiment de confiance et d'intimité que l'on perçoit dans vos photographies, alors que vous êtes une étrangère dans le village ? Et comment expliquez-vous l'existence de cette intimité dans votre travail ?
Tous mes projets m'ont mise dans la situation d'être à part ; que ce soit parmi les naturistes, les juifs hassidiques ou les adolescents. C'était la même chose. Il s'agit d'apprendre à établir une relation alors que la communication est extrêmement limitée, et en plus dans un laps de temps aussi court. Cela implique que je travaille en étroite collaboration avec mes interprètes.

Je ne sais pas comment définir l'intimité et pour moi il n'existe pas de formule qui la garantisse, mais je pense que le temps, la confiance et l'humour peuvent pareillement contribuer à mettre les gens à l'aise. Je crois que, si je suis ouverte et que je m'autorise à être vulnérable, cela aide les personnes que je photographie à se détendre. En Roumanie, je dois souvent me montrer plus patiente en raison de l'importante barrière culturelle. Un des moyens pour y remédier a consisté à rester quelques semaines dans une famille ; à apprendre à connaître ses membres et à leur demander ensuite de participer. Petit à petit, j'arrivais à imposer des idées plus radicales. Il y a ainsi une image d'homme, les yeux bandés, qui tire un cheval dans la neige. Il aurait été beaucoup plus difficile de demander cela à un total inconnu et la collaboration n'aurait pas été la même.

Vous avez dit que ce projet portait sur la précarité de la vie. En quoi vous semble-t-il plus facile de traiter ce sujet dans un petit village plutôt que dans une grande ville comme Londres ? D'après vous, le fait d'être une étrangère vous rend-il plus attentive à certains aspects de la vie à cet endroit ?
Quand je réfléchis à ce qu'est la précarité, il me vient à l'esprit le silence et le vide. J'ai perçu et je perçois ce projet comme une exploration sans préjugé, bienveillante. Il était plus facile de le gérer en choisissant de travailler dans un petit village, où la pollution visuelle est moindre. Et puis les gens paraissaient avoir un rythme de vie plus lent, suivant la routine de l'agriculture, et ils acceptaient plus facilement d'être abordés quand nous les croisions. Des espaces presque vides suscitent en moi une impression de calme et ils offraient à mes idées un arrière-plan plus disponible.

En quoi votre rapport à la Roumanie a-t-il changé, maintenant que vous avez visité le pays tant de fois ?
Mon premier voyage visait à m'obliger à rester, pendant plus d'une semaine, dans un pays dont je ne parlais pas la langue et sans autre programme que d'explorer certaines idées et d'en former de nouvelles. Comme je fais principalement du portrait, la communication est primordiale pour entrer en contact avec les personnes et j'étais à la fois inquiète et curieuse de savoir en quoi ma pratique en serait affectée. Quasiment tout mon travail s'effectue au Royaume-Uni que je quitte lors de voyages éclair, mais jamais pour une période prolongée. Je me sens mal à l'aise et stupide quand je ne parle pas la langue du pays que je visite. Même accompagnée d'un interprète, je savais que la Roumanie allait représenter un défi. La beauté des paysages et l'impression générale de vivre une aventure m'ont permis de me détendre. Chaque fois que j'y revenais, j'avais le sentiment d'apprendre non seulement à mettre en œuvre mes idées mais aussi à connaître la culture du pays et à adapter mon comportement en conséquence. Je suppose maintenant que cela m'a fait prendre tout simplement conscience du grand nombre de lieux que je rêverais d'explorer.

Thyago Nogueira (São Paulo, Brésil, 1976) est directeur du département
de photographie contemporaine à l'Instituto Moreira Salles, au Brésil (ims.com.br),
et l'éditeur du *ZUM Magazine* (revistazum.com.br).

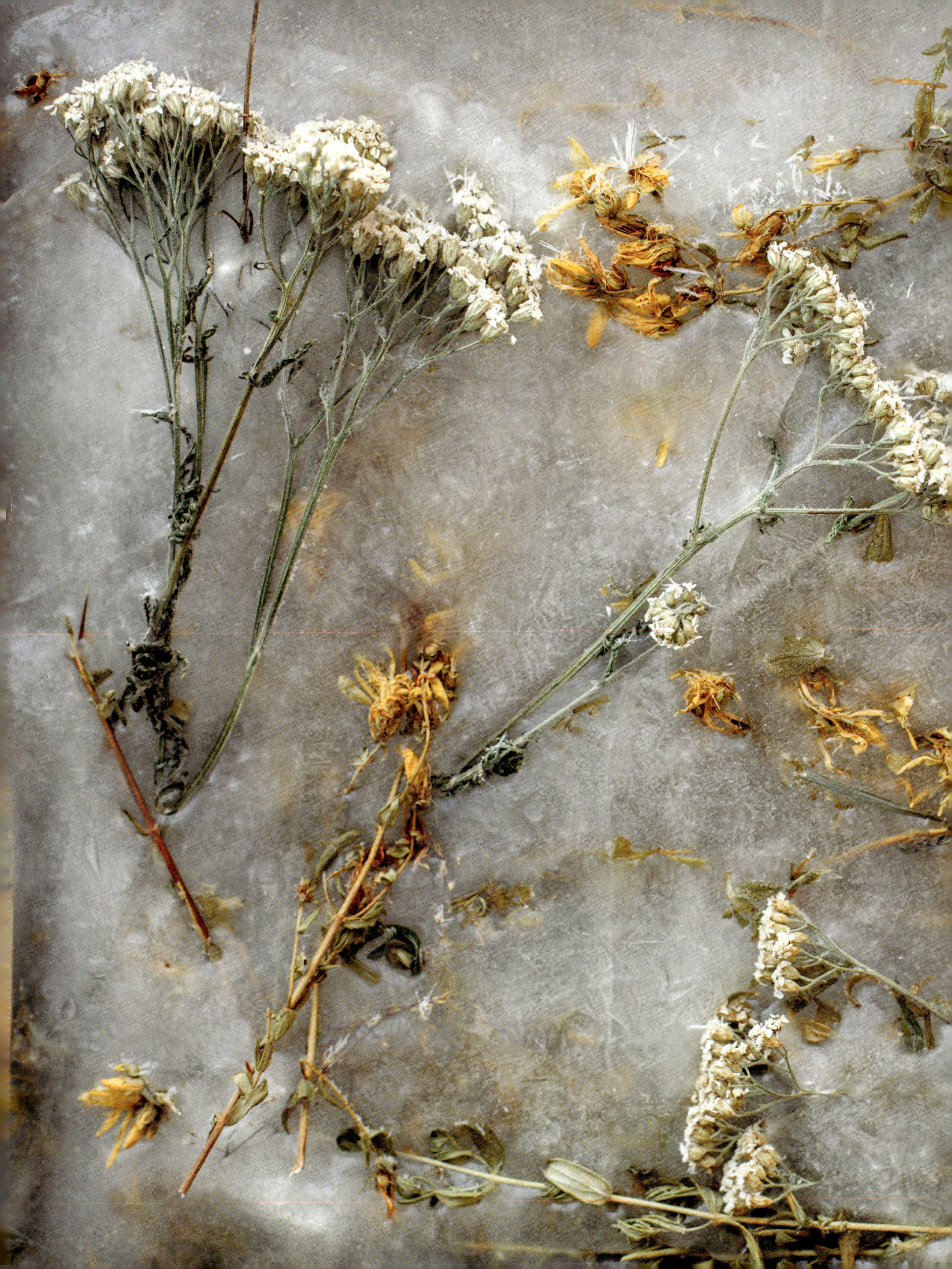

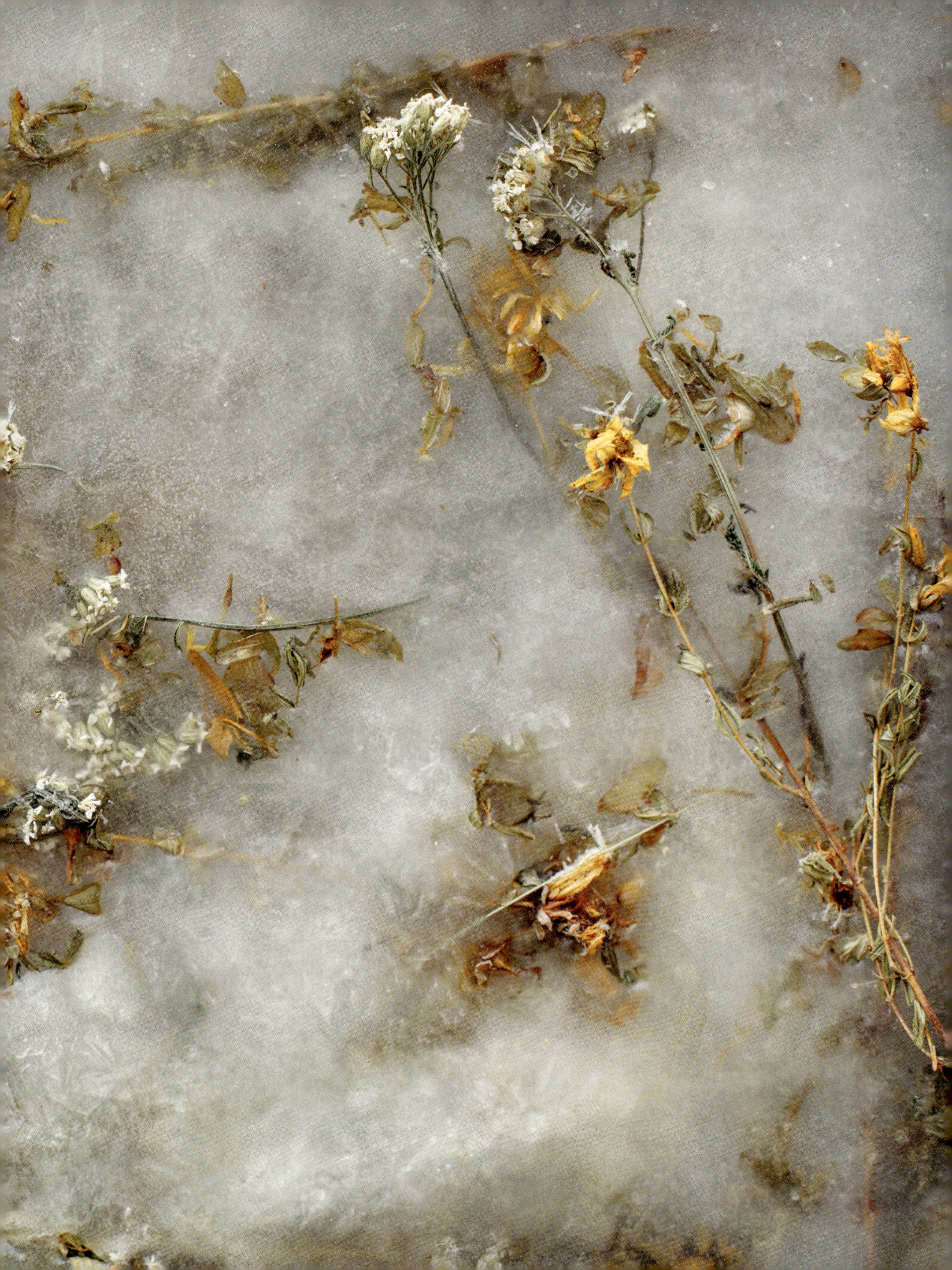

YOUTH WITHOUT AGE, LIFE WITHOUT DEATH

A CONVERSATION WITH CURATOR AND EDITOR THYAGO NOGUEIRA

Laura all of your pictures have an elaborate composition and light, which suggests you come from a cultivated visual background. How have you been educated in photography and in what way has this education influenced your work?

Studying photography at the London College of Communication and University of Brighton gave me the space and time to explore this new-found passion. As soon as I transferred my interest from painting to photography I was addicted. It became a complete obsession. I used to spend most of my commuting time on the train sketching strangers. This habit then transferred to photographing strangers and I started walking around London with a 35-mm Pentax and rolls of Ilford, which I would process at home.

What triggered this project and why have you decided to work in Romania, without knowing the place and the language?

There are many reasons why I began this project but why I chose Romania is less of a factor. I was searching for a personal challenge and an adventure. I always approach new projects with a desire to experience and learn something new. In this instance I wanted to work outside of the UK and approach portraiture in a more dynamic way. I wanted images to be more of a creation rather than a reaction to an experience. Proposing original ideas is always a nagging aspiration and can be crippling. I realized that I needed to create my own narrative and get lost in an adventure. This quest could then provide the freedom I needed to explore my interests more poetically rather than factually.

When I first travelled to Romania in 2011 it gave me everything I needed. It offered me a place to reflect, be inspired and learn. The hazy colours, slow pace of life and organic setting provoked me to consider new ways of thinking about image making. I wanted to bring the environment into the frame in a more abstract way than I did with my other projects. I felt that instead of documenting a context I wanted to create an environment, visually expressing what I felt when I was there.

The project is inspired by a Romanian folk tale about a prince who didn't wanted to age or die. The quest for immortality or remaining young has been addressed many times in literature and music, from Faust to Dracula, which coincidentally is from Romania. How did you find the story and what first captured your attention?

The tale is about a central character who is promised eternal life, a world where time stops. When he reaches adulthood he is told it was all a lie and he embarks on a quest to find an eternal world and a way to live forever. This urge to slow time down and control it has always fascinated me. What I found interesting is that when he finds eternity in a village he is still dissatisfied. No matter how often I freeze time I am never content. Lamenting he breaks the spell in search of those he left behind. Time catches up, everything is dead and he quickly ages and turns to dust. The tale captivated me and I felt an affiliation to the main character and the themes. The struggle to capture time, the idea of lament and the inner curiosity we all feel to search for fulfilment.

After my third or fourth trip I began to evaluate what themes were triggering my return. It was the sense of adventure. I was in a place so near to home but so different. The isolation not just in the environment but also socially was new for me. The initial trip was a response to the sudden death of someone I knew. They were young and it forced me to consider, as one naturally does, how much time we all have and what we would do if we knew it was limited. Talking about existential questions led to my translator retelling the folk tale which he felt was relevant to my personal search. I agreed and felt it would be a universal poetic catalyst that could act as the root for the project.

So you didn't have a plan of what you wanted to photograph when you left for Romania?

I always have an idea of what I may be drawn to, or aim to stay in places that may offer me relevant opportunities. This was the first project I have done where I didn't know exactly what I was shooting as a whole. I was yearning for a project that was unrestrictive and would encourage me to relinquish control. The biggest challenge of the journey was tackling a subject matter so broad that the search itself became the work.

For some artists, the media they use and its technical aspects are as crucial to what they want to convey as what they show. Your project combines analogue film and Polaroid. Why have you decided to shoot with both media?

I have always used analogue film for my personal work. The process is imperative in slowing down my practice to plan my imagery, and providing the space for me to form connections with my subjects. It forces me to stay in the present moment. The craft of analogue feels more organic and fun and magically transforms my attention in a way that digital can't. I like the idea of dreaming what the image may look like, placing my interpretation of a scene into a fantasy and not knowing how it will translate until it is revealed. Polaroid has that additional unpredictable risk. The beauty always lies in the mistakes and the reckless response of the chemicals.

The narrative of movies is often compared to novels, while the fragmentary aspect of photography is compared to writing poetry. A poetic gaze is present in most of your photography, reinforced by the fact that in this work you have used quotes from the tale as captions. How did you pair these captions and what kind of relation did you mean to create?

Imagery needs to stand alone without text but I do think words can complement an image. In my case the titles and quotes are so embedded in the making of the work that it felt natural to include them. The images are open to interpretation but the whimsical quotes from the tale add some context as to what inspired me to make the work. I was also interested in the multiple interpretations of the tale; not just in how the text is translated or reproduced but also in the reader's response. For example one part of my research involved asking primary school children in England to draw storyboards after listening to the tale. These illustrations helped me produce some of the abstract components in the images.

The filtered light, the pale palette and the use of few elements give a beautiful painterly quality to your photographs. One of them even resembles a classical still life from the seventeenth century, with a rotten apple and a bottle on a table (even though it is an industrialized bottle of whisky!). In classical painting, still lives were carefully arranged and used to transmit religious and moral ideas. How do you read that specific picture?

What I often like about images is that the experience can be far removed from how it is received. This is a still life of a bottle of ţuică [a traditional Romanian spirit] that an elderly women had in her house. She was in her nineties and the most agile, fit and healthy grandmother I have ever met. Her strength was inhuman. When I asked her the secret to a long and healthy life she pointed to the bottle; poured us a small glass each and said "one glass a day", winked and necked the shot.

My background as an artist originated from painting and sketching. The work that had an impact on me were pieces that provoked emotion and transported the viewer to an outside world. Painters are often making not capturing. The way that Egon Schiele creates characters full of intensity and how Lucien Freud's portraits are so evocative; they have a depth, a story, a life of their own.

The light in your photographs is often diffuse, indirect and the characters seem to be captured in the middle of an action. This creates a mysterious mood, as if something is being withheld from the viewer. Elements like the axe, the dead pig or the inquisitive look of the girls add a touch of menace to the photos. Was this mood present in the village or was it something you created intentionally?
I think I naturally project a part of myself onto the image as I am so immersed in the process. The mood and feel of the images are a combination of things; my ideas, the elements I was experiencing, i.e. the weather, and the event itself, i.e. the fact that the pig had just been killed. A lot of this work has been about struggle and searching. The journey itself is intrinsic in defining the mood. A trip, story or project all have highs and lows, frustrations and moments of escalation and joy; all of these manifest themselves in the moment the picture is taken.
I don't ask my subjects to smile and encourage them to be more reflective. Often they are contemplating a question or meditating on a thought. I think a gaze that is less revealing is more captivating. It allows my subjects to feel more present and be with themselves rather than present a mask.

There is a red thread that appears in many photos, which we sometimes read as a representation of blood, a symbolic reference to blood lineage, or a lost connection between humanity and nature. How did it become part of the pictures and what does it represent to you?
I wanted to represent the element of time in my images. This was a key theme and like many of the other components I needed something non-specific, simple and visual. String is endless like time and it seemed like a relevant object that was fun to implement into the frame. It is a dominant symbol in Romania and I found it presented itself in traditions and everyday life.
For example for Mărţişor [the celebration of Spring] people use red string as a badge to mark the birth of the first day of Easter; at funerals bags are woven in red and given as gift. The string seemed to cover many of my themes in a singular material object. It was important to me that its use didn't overpower the images but allow the viewer the choice to explore its' symbolism. I find it also draws attention to how the colour red consistently presents itself naturally in nearly all of the images.

The absence of contemporary elements or the presence of traditional clothing in some of the pictures makes us feel they could have been made twenty, thirty or forty years ago. Is that a clear sign of the timelessness you are talking about?
The theme of time needed to be explored in a timeless way. I wanted these images to stand in a space where time felt intangible. I explored urban areas but a lot of the images were edited out as they indicated a familiar feeling of Western civilization and an indication of time through fashion or architecture.
The Polaroids in particular are often misinterpreted as found archival photographs but they are simply shot on expired film. This was a useful way to visualize how the present day could be captured. It encouraged me to explore how we interpret time through image making and what we look for as clues such as signage and transport. The time that the tale is set is irrelevant due to it being fictional.

You have mentioned Egon Schiele, a painter who was also a big influence for a photographer like Richard Avedon. Avedon has declared that he was mostly interested in the pose of the subject, with no need to create intimacy with the sitters. You have also declared yourself a fan of Annie Leibovitz's work. As a stranger in the village, how did you managed to develop the sense of confidence and intimacy we see in the photographs? And how do you think this intimacy appears in your work?
All of my projects feature me being an outsider, whether it is amongst naturists, Hassidic Jews or teenagers. This was no different. The key was learning how to form relationships when communication is so limited, and also in such a short space of time. It meant that I needed to work very closely with my translators.
I can't define intimacy and there is no formula for me that guarantees it but I think time, trust and humour can all help to generate a feeling of connection. I believe being open and allowing myself to be vulnerable helps my subjects relax.

In Romania I often have to be more patient due to such a large cultural barrier. One way to combat this was to stay with a family for a few weeks; get to know them and ask for their participation. As time progressed I was able to impose more radical ideas. There is an image of a man blindfolded pulling a horse in the snow. Asking a complete stranger to do this would have been much more troublesome and less of a collaboration.

You have said this is a project about the fragility of life. In what ways do you think it is easier to address this subject in a small village rather than in a big city like London? Do you feel that by being an outsider one is more attentive to certain aspects of life in that place?

When I think of fragility, silence and emptiness come to mind. I saw and see the project as a gentle, unbiased exploration. Choosing to work in a smaller village was more manageable as there was less visual pollution. People seemed to have a slower pace of life based around an agricultural routine so they were easier to engage with if we stumbled across them. Emptier spaces provoke a feeling of calm in me and allowed a more accessible backdrop for my ideas.

How has your feeling about Romania changed, after having visited the country so many times?

My initial trip was to force me to visit a country for more than a week where I didn't speak the language with no other agenda but to explore and generate ideas. As I predominantly shoot portraits, communication is intricate in forming a relationship and I was nervous and curious as to how this may affect my practice.

Nearly all of my work is based in the UK or with fleeting trips to other places but never for a consistent period of time. I feel embarrassed and ignorant when I don't speak the language of where I am visiting. Even with a translator I knew that Romania would be challenging. The beautiful landscape and general feeling of adventure allowed me to relax. As I kept returning I felt like I was learning not only how to navigate my ideas but also about the culture and how to adapt my own behaviour. I suppose now it has just made me realize how many more places I am itching to explore.

Thyago Nogueira (São Paulo, Brazil, 1976) is the head of the Contemporary Photography Department at Instituto Moreira Salles, Brazil (ims.com.br) and the editor of *ZUM Magazine* (revistazum.com.br).

Image de la semaine… Voyant mon père.
Image of the week … Seeing Dad.

Peut-être était-ce à cause de la neige quand je suis rentrée à pied ce soir mais cela évoquait quelque chose de présent en moi, alors j'ai pensé que je pouvais appuyer sur le déclencheur. D'autres histoires à venir. Terminé ! Bises.

Maybe it was the snow as I walked home tonight but it evoked something present in me so I thought I'd ping it up. More stories soon. OAO x

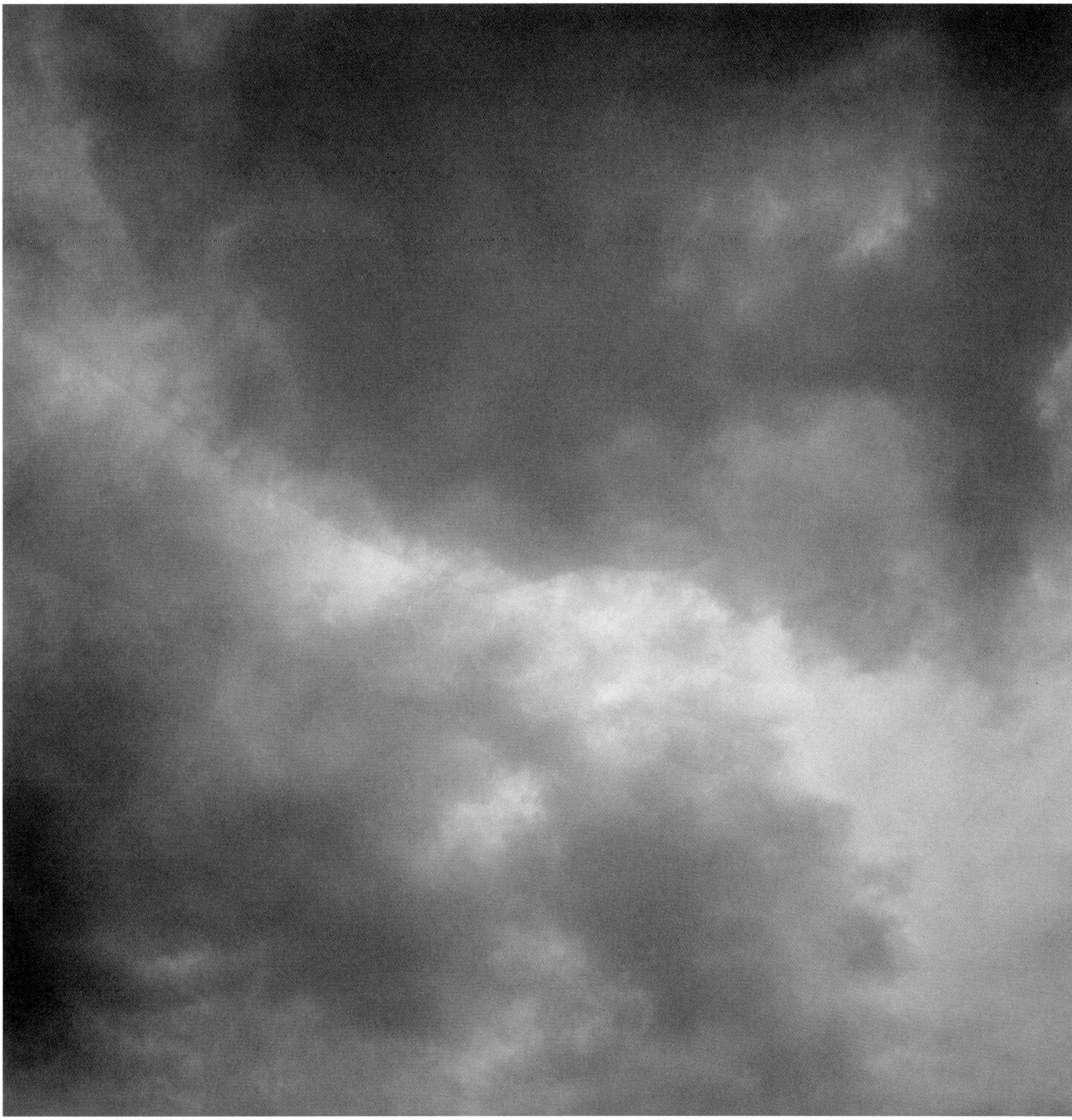

Image de la semaine… Avec l'envie de le faire pas pour le fric.
Image of the week … All for the love not the dough.

J'aime bien m'amuser à disparaître dans le noir. Cela m'a rappelé que je tirais la couette au-dessus de ma tête pour faire l'autruche. L'enfant curieuse et vive a ressurgi en moi et ma déception s'est changée en perspective positive.

I love the fun of escaping into the darkness. It reminds me of pulling a duvet over my head to ignore the call of reality. The excited and curious child in me rose and the feeling of disappointment shifted into perspective.

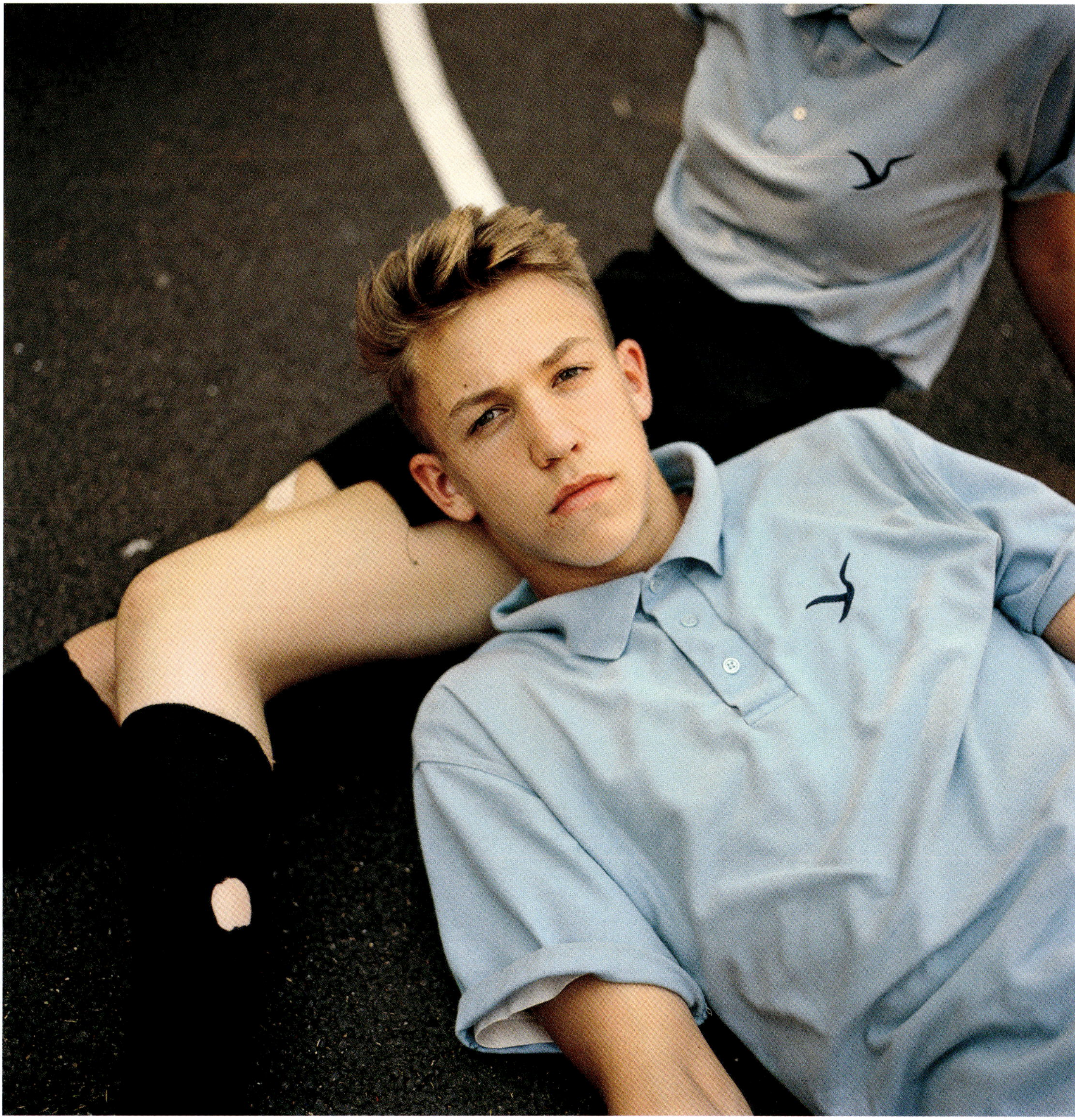

Image de la semaine… 5 femmes, 1 homme.
Image of the week … 5 Women, 1 Man.

Le jour 3, nous avons entendu dire qu'il posait nu dans les rues jusqu'au petit matin pour l'équipe de la mode. Notaire de son métier avec un cœur en or, sa personnalité originale nous a tous fascinés. Je lui ai demandé si je pouvais faire son portrait, c'était quelqu'un de merveilleux et de formidablement imprévisible.

By day three we heard stories of him posing nude in the streets into the early hours for the fashion group. A lawyer by trade with a heart of gold his quirky character captured us all. I asked to take his portrait, he was a wonderful soul and rewardingly unpredictable.

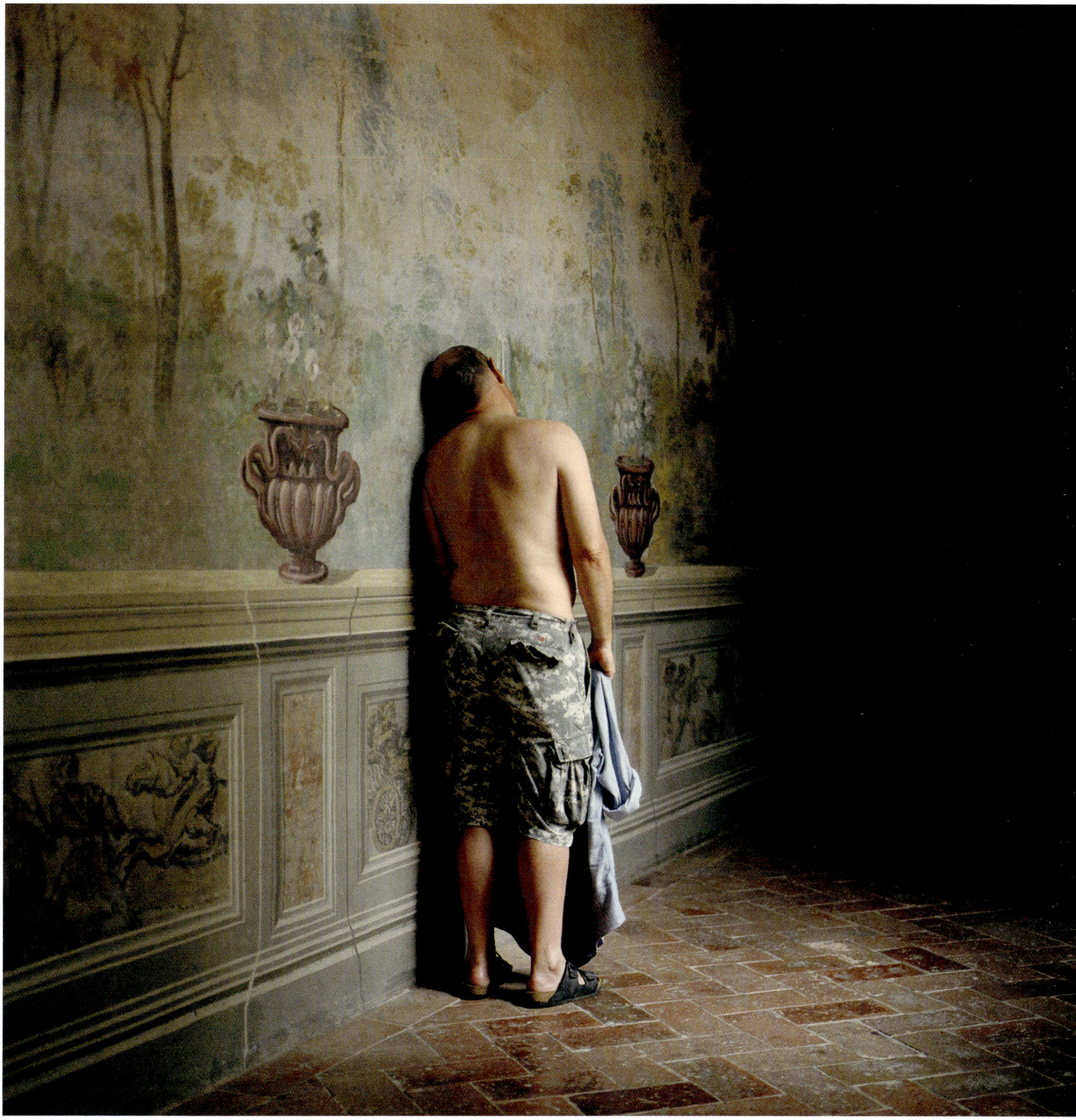

Image de la semaine… Baignades revisitées.
Image of the week … Paddling pools revisited.

Un bureau de poste nous a offert de l'air conditionné et on aurait dit que quelques habitants de la ville s'étaient eux aussi engouffrés là, à rêvasser autour de quelques enveloppes kraft, uniquement pour reprendre souffle hors de la touffeur. Je dois avouer que jamais je ne suis restée aussi longtemps dans un bureau de poste sans avoir envie de m'en aller.

A post office provided us with air con and it seemed a few of the town locals had also dived in to muse over some manila envelopes just to relieve themselves from the sweltering heat. I can honestly say it's the longest I've ever willingly spent in a post office not wanting to leave.

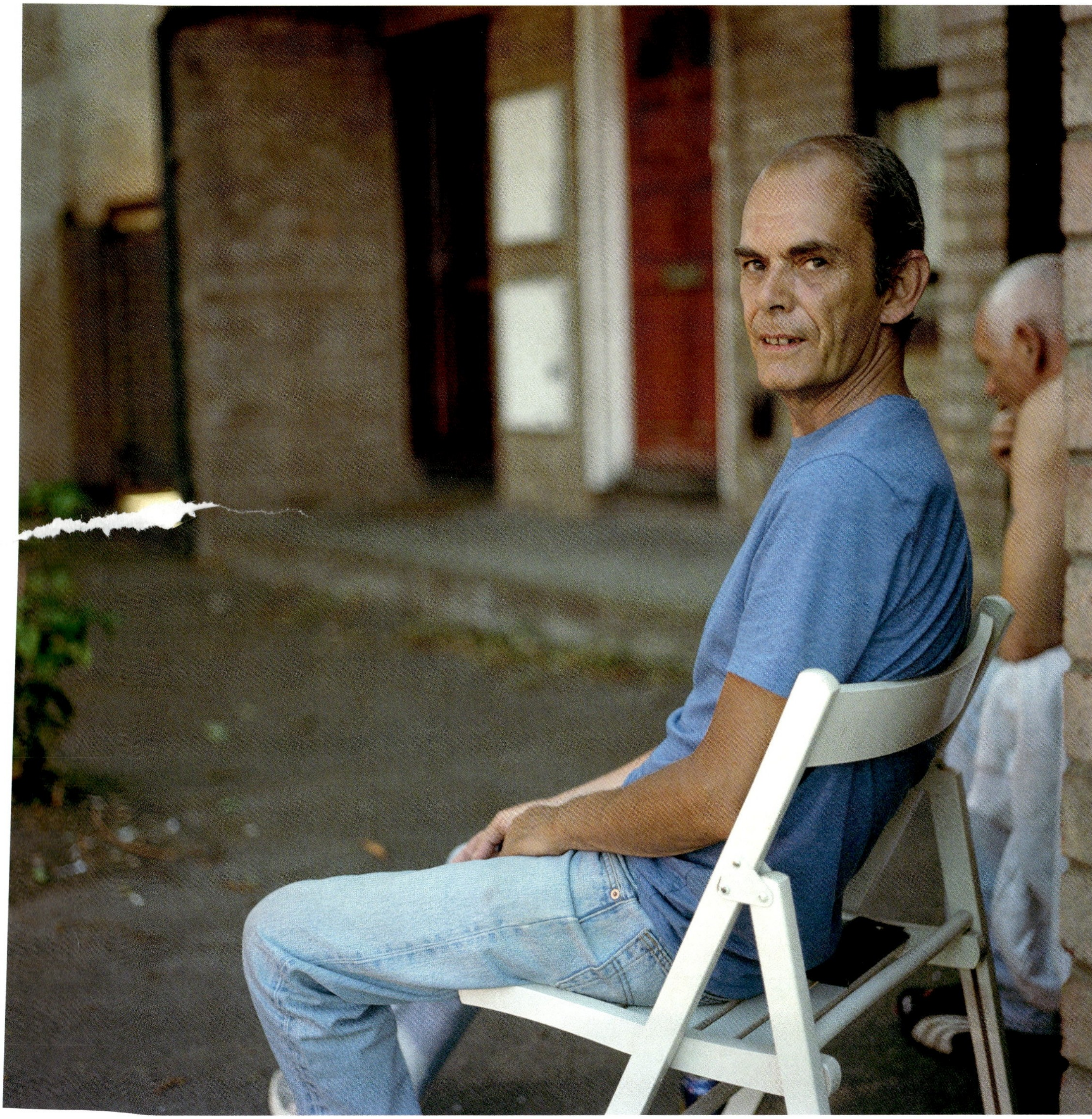

Image de la semaine… Poèmes monochromes.
Image of the week … Monochrome Poems.

Comme je commençais à m'habituer au contact de l'argile sur mon visage, je me suis allongée et j'ai fait tourbillonner l'eau chaude et boueuse des bains.
Alors que je la laissais en compagnie de quelques sympathiques amoureux, une fille à quelques mètres de moi a souri et je lui ai demandé si je pouvais faire son portrait. C'était comme si je la connaissais déjà, nous avons bavardé toutes les deux très facilement tout en nous relaxant dans l'eau, qui nous protégeait maintenant de l'air devenu froid.

As I was getting used to the sensation of the clay on my face I reclined and swirled the murky warm water of the thermal baths.
As I left her with some friendly lovers, a girl a few metres from me smiled and I asked to take her portrait. I felt like I knew her and we both had a wonderful open chat as we relaxed in the water protecting us from the now cooling air.

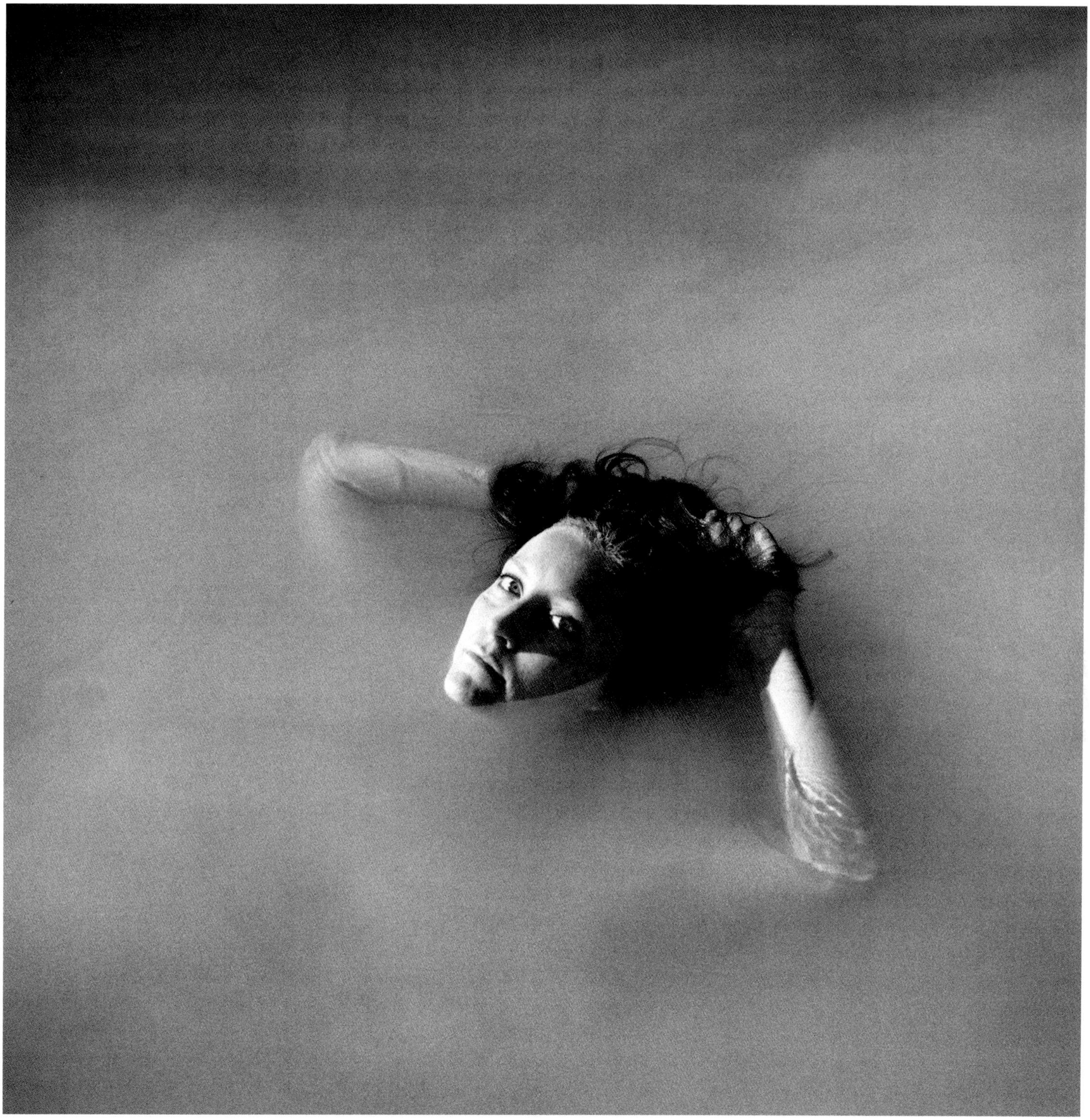

Image de la semaine… Tout ça pour que dalle.
Image of the week … All for nuthin'.

"Mais aussi, quelle idée d'aller au Texas, la faute à qui ?"
J'ai éludé la question.
Vingt et un jours et plus de 3 600 kilomètres plus tard, je n'ai toujours pas la réponse.

"Who's idea was it to come to Texas anyway?"
I avoid the question.
Twenty-one days and over 2,000 miles later I still don't know the answer.

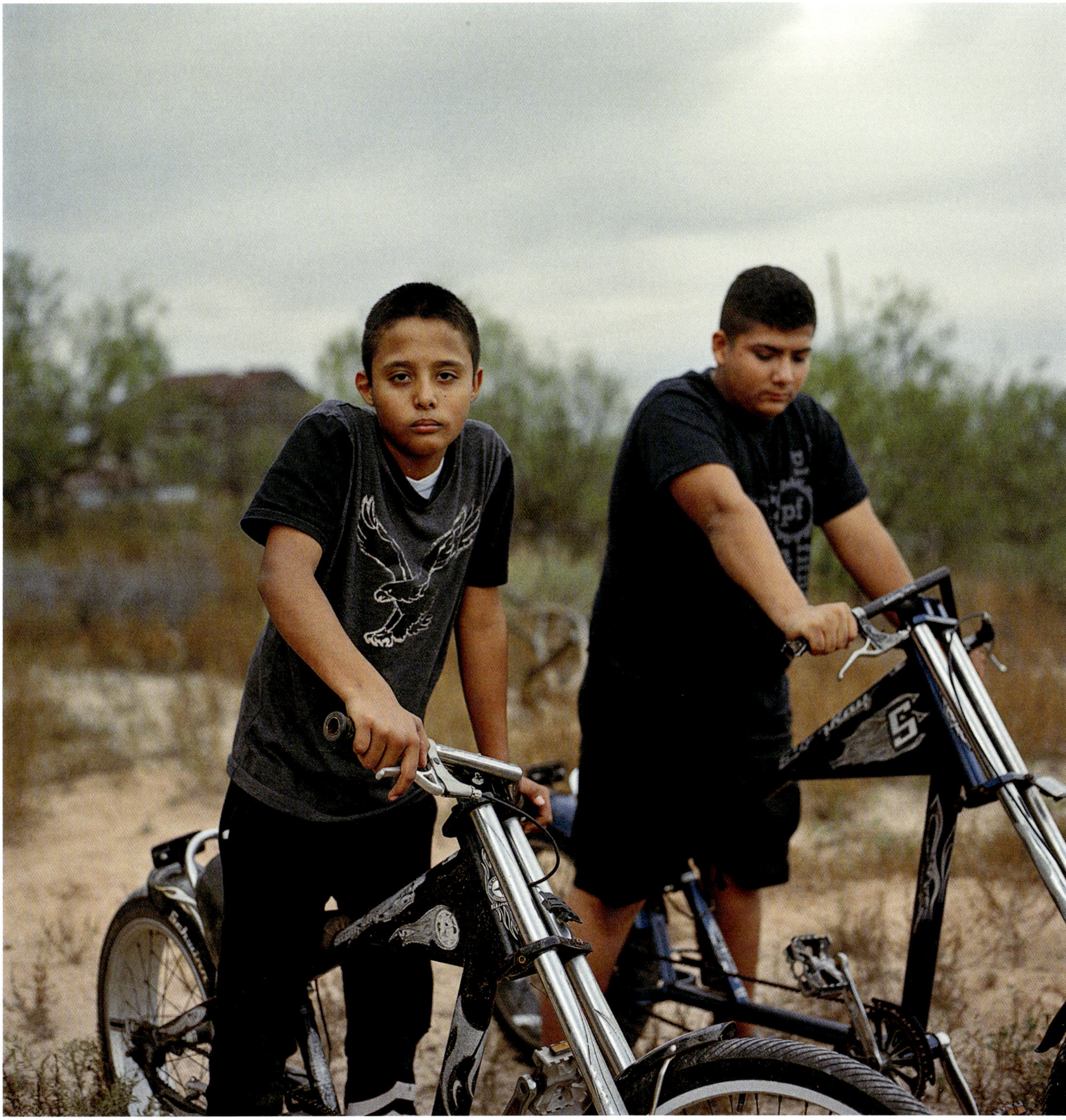

Image de la semaine… Dans l’attente.
Image of the week … Waiting.

Je n’ai pas la réputation d’être patiente. Je suis obsédée par le temps. Par ses généreuses largesses et ses cruelles restrictions. J’ai toujours l’impression qu’il file trop vite ou s’écoule trop lentement. Quand je prends les photos je me sens en lien avec lui, nous sommes du même bord ; nous travaillons ensemble et non en opposition.

Patience is not a trait I’m known for. I am obsessed with time. With its beautiful generosity and its cruel scarcity. I have always felt that it moves too quickly or drags out too slowly. When I’m shooting I feel a connection with time, we are on the same side; working together and not against each other.

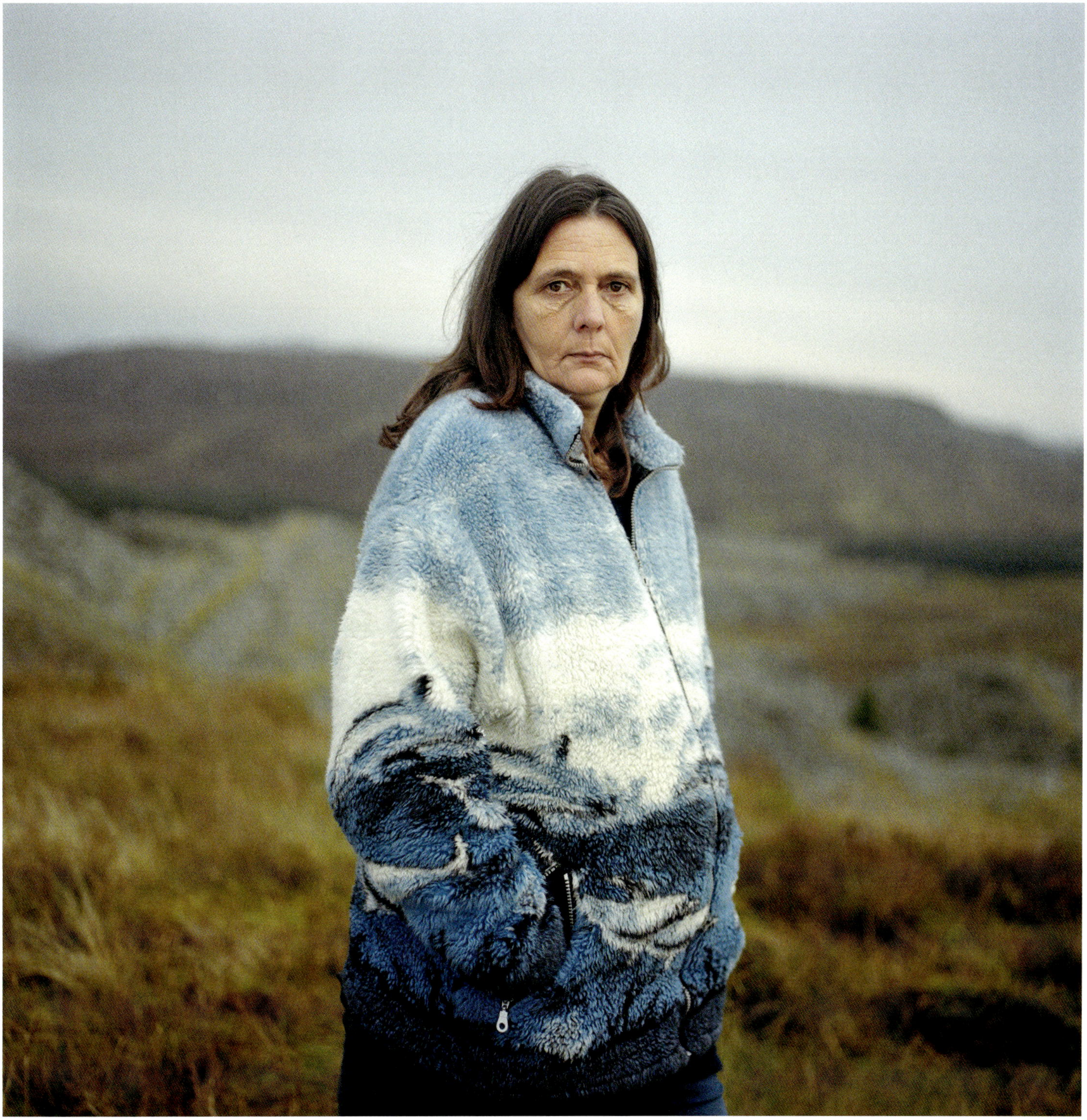

Image de la semaine… Dernier cliché.
Image of the week … Last shot.

J'ai senti mon petit Nokia, léger comme une plume, sautiller dans ma poche.
J'ai opté en revanche pour l'autre table, je me suis retournée et j'ai pris en photo un jeune garçon au moment où j'ai vu l'unique lampe de la pièce pointer dans ses yeux.

I felt my little Nokia, light as a feather vibrate in my pocket.
I opted instead for the other table, spun around and snapped at a young boy as I saw the only light in the room spill into his eyes.

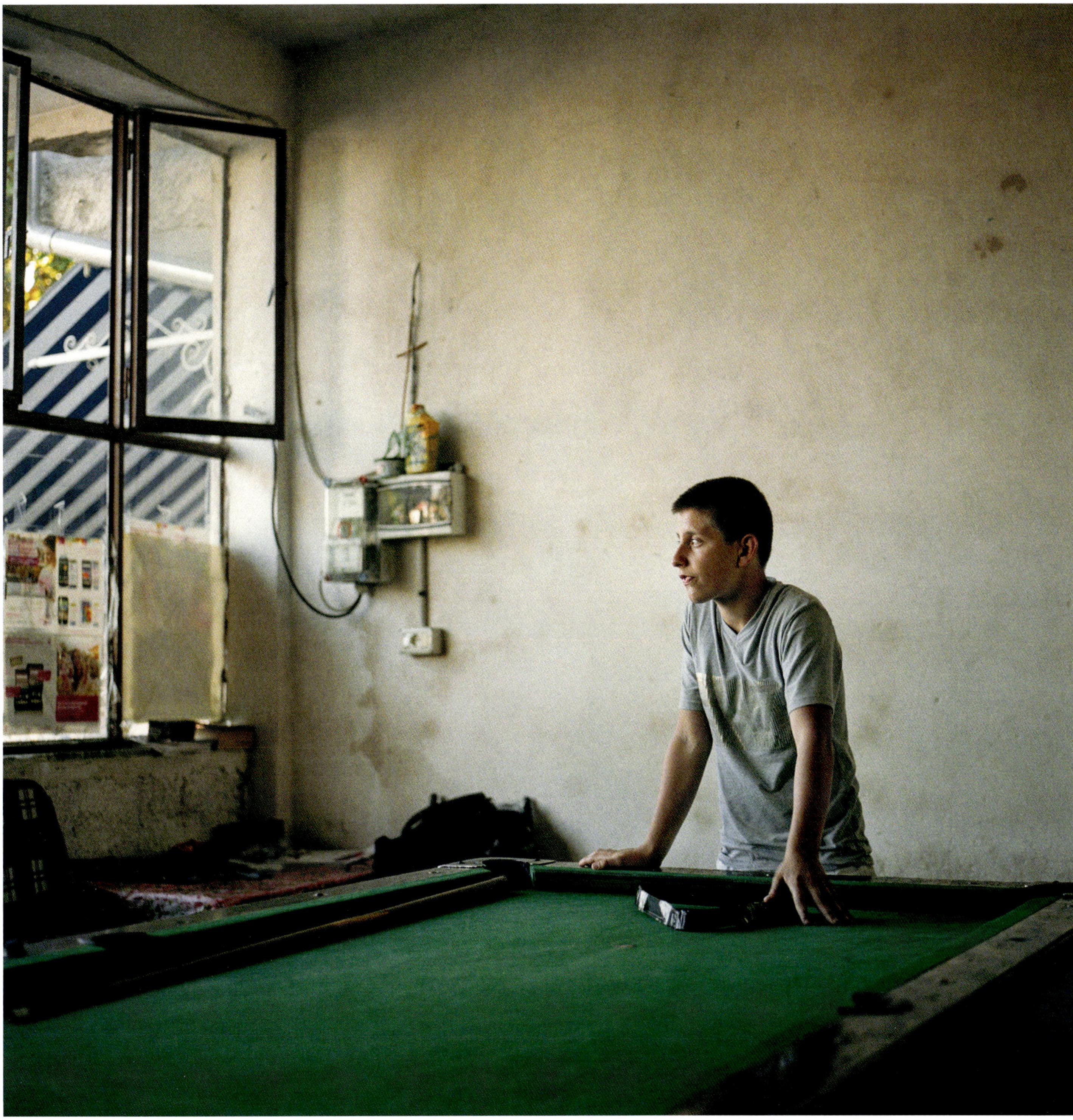

Image de la semaine… Jeux italiens.
Image of the week ... Italian games.

Le soleil cognait et nous nous dirigions vers un village situé à une heure environ de notre point d'attache. J'ai fait un petit tour dans la salle du fond et amusé un groupe de vieux, agglutinés autour de paquets de cartes. La pièce était remplie de grincements de chaises et d'échanges de plaisanteries, les hommes traînaient les pieds d'une table à l'autre, brandissaient leurs cartes et parlaient fort.

The sun was intense as we targeted a local village about an hour from base. I strolled the back room entertained by a group of elderly men huddled around playing cards. The screeching of chairs and muttered banter filled the room as the men shuffled from one table to another, waving cards and gossiping loudly.

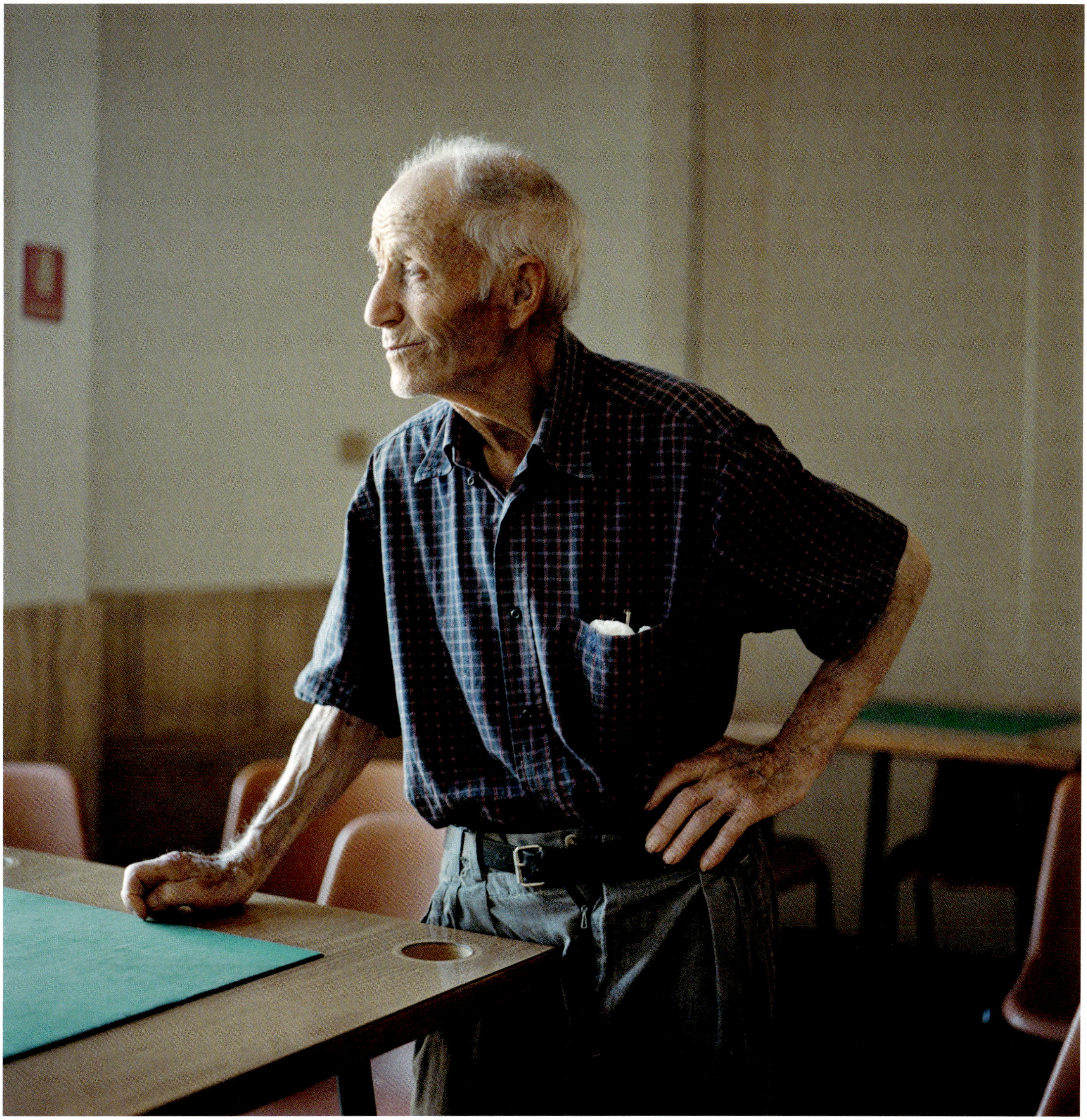

Image de la semaine… Lacs de rêve.
image of the week … Dreamy lakes.

Ils paraissaient tellement vivants, ces jeunes qui se balançaient au bout de leur corde, l'adolescent qui jonglait et le père, avec sa barbe et ses cheveux longs, qui les observait tranquillement avec un sourire paisible.

They appeared so alive, the youngsters swinging off rope, the adolescent boy juggling and the father with his long hair quietly watching on with a restful smile.

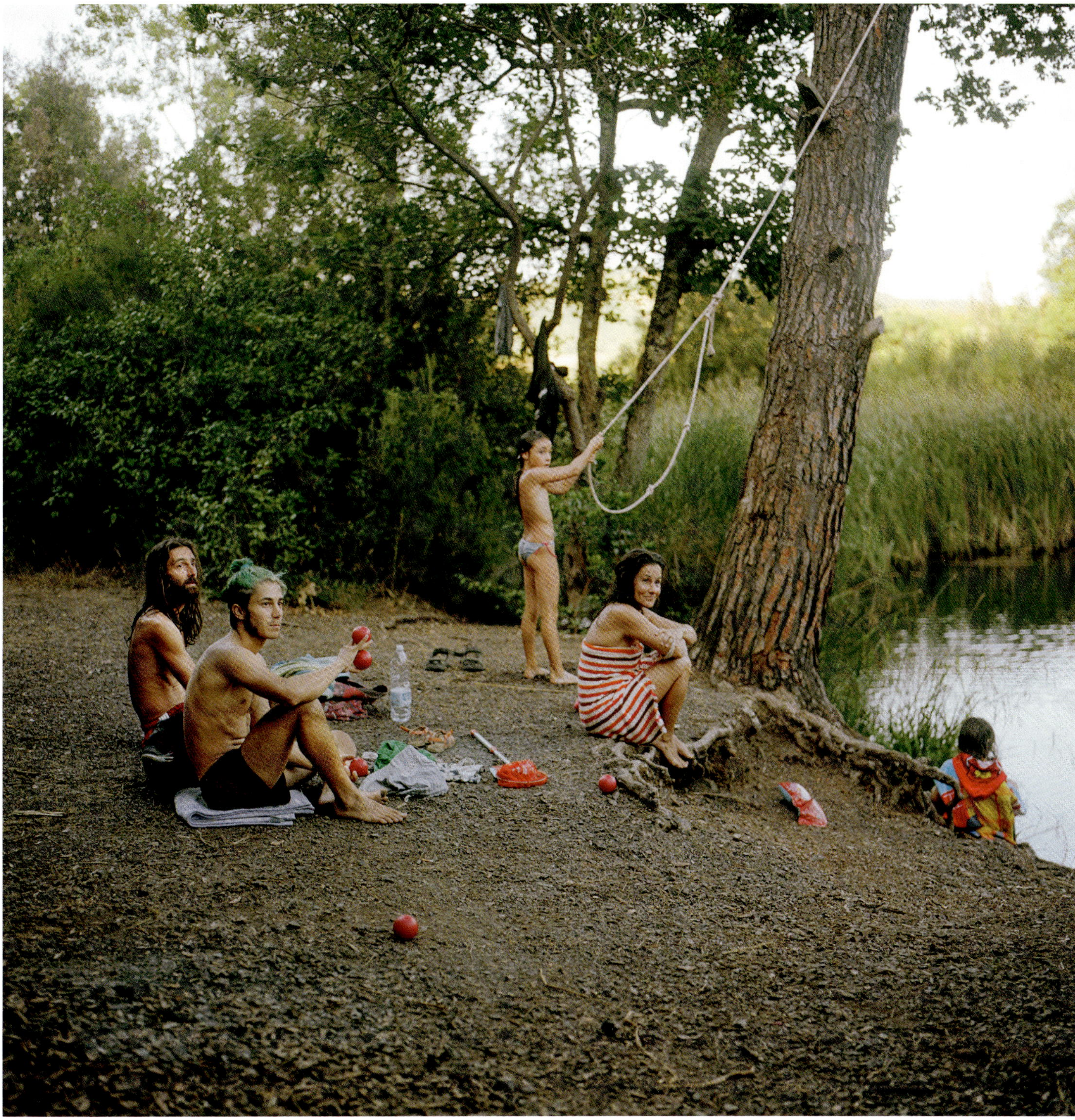

Image de la semaine… Lignes de la main et Rubik's Cubes.
Image of the week … Palm readings and Rubik's Cubes.

Un appareil photo, c'est comme un passe-partout qui ouvre toutes les portes. Avec un objectif à la main, une demande, une proposition, vous pouvez vous immiscer dans n'importe quelle conversation. Quand je rencontre quelqu'un que je dois photographier, les trois premières minutes représentent un formidable moment de tension. Premières impressions, fines et précieuses, et premiers pas pacifiques en terrain nouveau.

Having a camera is like a key to unlock any stranger's door. You can enter any conversation with a purpose, a request, an offer. The first three minutes of meeting someone I am to photograph is a beautifully nervous one. The delicate and important first impressions and gentle tread of new ground.

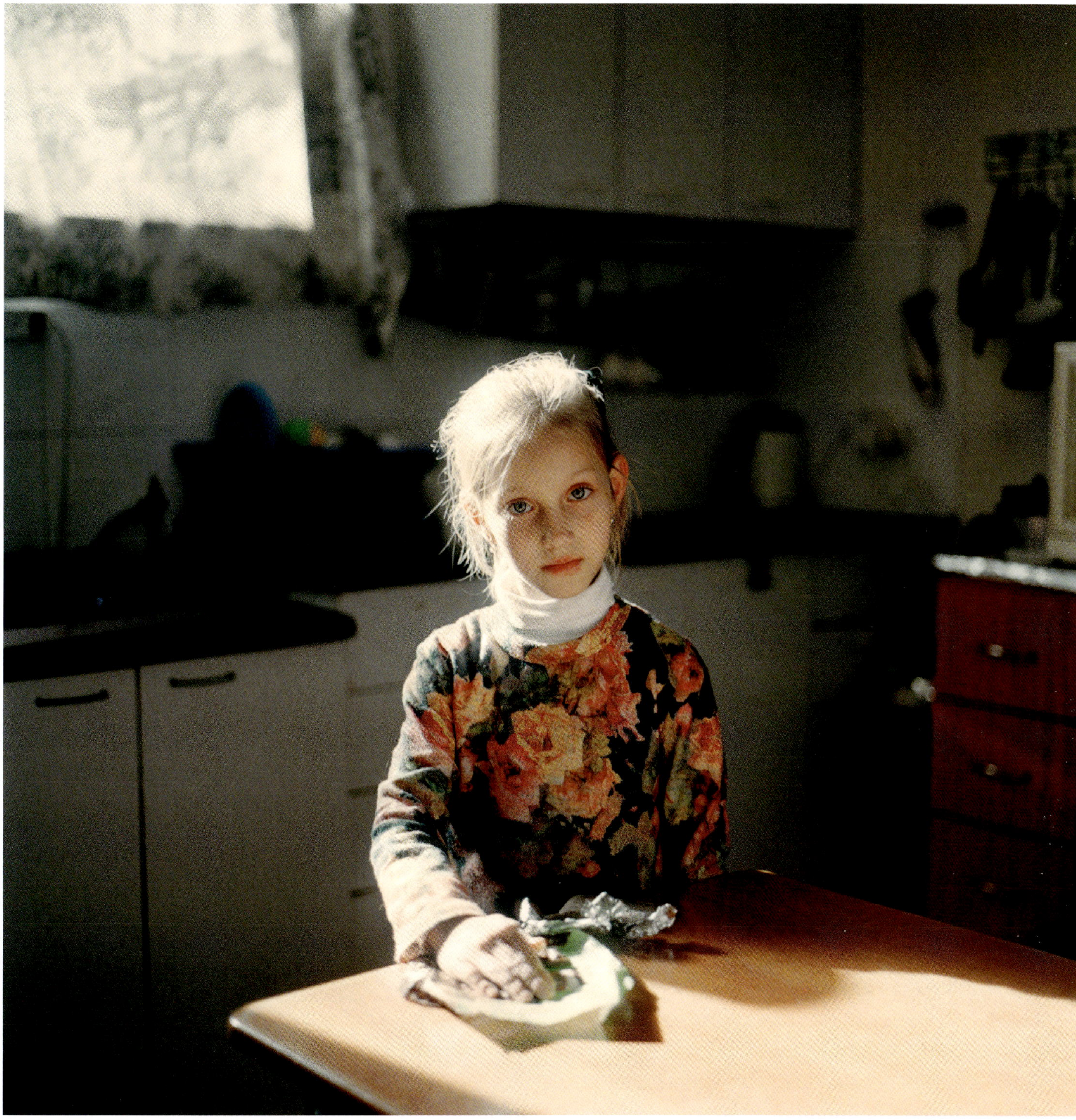

Image de la semaine… Les visages qui s'imposent.
16 mai 2013 à 11 h 58.
*Image of the week … The faces we need to capture.
16 May 2013 at 11:58 am.*

Il arrive, de temps en temps, que des visages que l'on voit, des personnes que l'on rencontre exigent d'être photographiés. J'imagine souvent que je choisis alors un sujet comme pour le dessiner ou le peindre. Ce peut être un inconnu aux yeux bleus perçants, un homme distingué avec des rides, qui lit dans le train, ou un membre dc la famillc dont les traits ont une beauté particulière. C'est le cas de Hennie. Ma cousine Hennie réclamait qu'on fasse son portrait. Son charme et sa physionomie remarquable m'ont toujours attirée.

Now and again there are faces we see, people we meet that seem irresistible to photograph. I often imagine I am choosing a subject to draw or paint them. It could be a stranger in the street with piercing blue eyes, a wrinkled gentleman reading on a train or a family member that has a beautifully unique face. Hennie is the latter. My cousin Hennie yearns to be drawn. Her grace and striking features have always appealed to me.

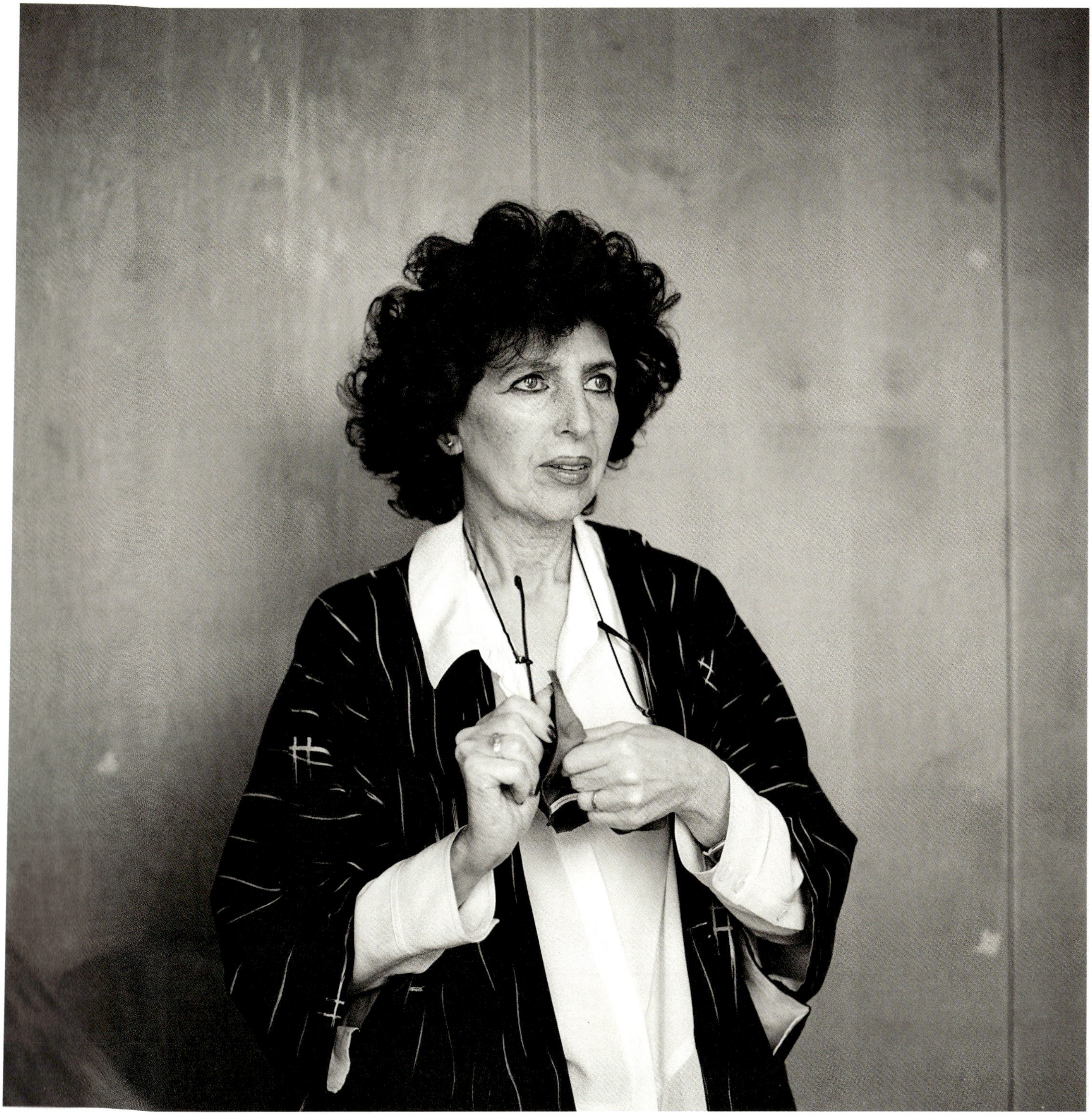

Image de la semaine… Le temps est venu.
Image of the week … Time has arrived.

Les garçons sont retournés à l'école le lendemain et ont raconté des tas d'histoires sur les prises de vue, mais la plupart des autres élèves sont restés sceptiques.

The boys returned to school the next day telling tales of the shoot, much to the disbelief of other pupils.

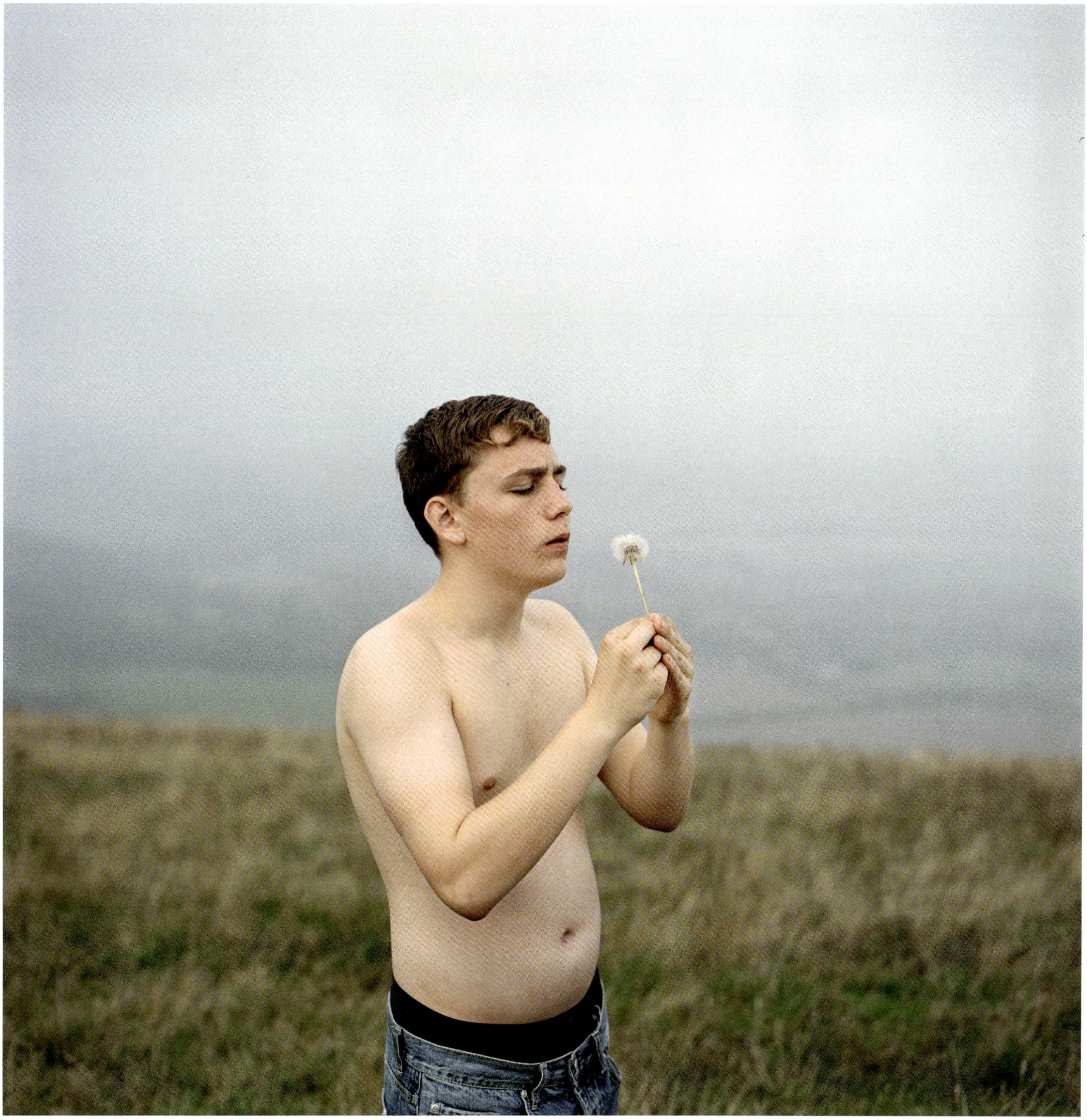

Image de la semaine… Envie.
Image of the week … Itch.

Méa Shéarim est un des quartiers les plus religieux de Jérusalem. Le temps y est un peu ralenti. Le dernier jour, après un trajet exténuant, je me suis retrouvée à suivre Waze dans les ruelles de Méa Shéarim. Cette déambulation dans les rues était un vrai régal mais quelques jeunes semblaient vouloir s'approcher pour s'amuser. Ces trois sœurs étaient calmes et paraissaient disposées à coopérer. L'aînée parlait le meilleur anglais que j'avais entendu depuis mon arrivée, mais au bout de trois minutes on les a appelées pour qu'elles rentrent à la maison, et elles ont disparu dans les rues venteuses et assombries d'une vieille ville qui semblait figée à jamais dans le passé. Terminé ! Bises.

Mea Sharim is one of the most religious areas of Jerusalem. Time decelerates a few. On my final day after an exhausting itinerary I find myself following Waze through the back streets of Mea Sharim. Taking to the streets was a rare treat but a few of the youngsters seemed keen to venture nearby to play. These three sisters were calm and seemed eager to help. The eldest spoke the best English I had heard since arriving, but after a mere three minutes they were called back home, disappearing into the windy darkening streets of the old town that seemed forever stuck in the past.
OAO x

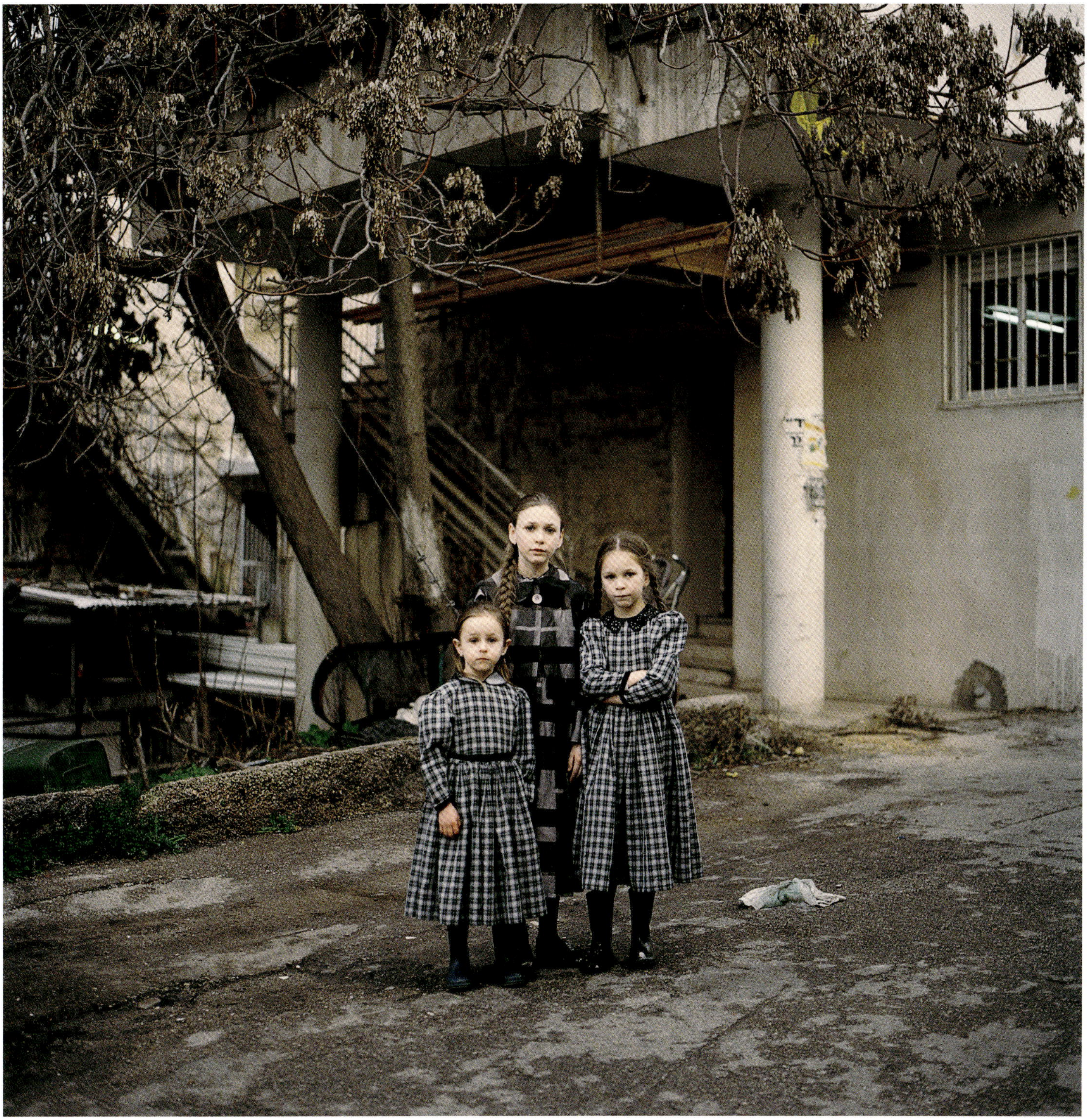

Image de la semaine… Prix John Kobal.
13 novembre 2014 à 22 h 08.
Image of the week … John Kobal Award.
13 November 2014 at 10:08 pm.

Je voulais qu'elle se sente à l'aise, et sa personnalité à la fois posée et insaisissable continue de m'intriguer. C'était une fille intelligente, mature et extrêmement paisible, la photographier a été un honneur.

I wanted her to feel comfortable and her elusive and mature character is one that continues to intrigue me. She is intelligent, adult and extremely quiet, photographing her was an honour.

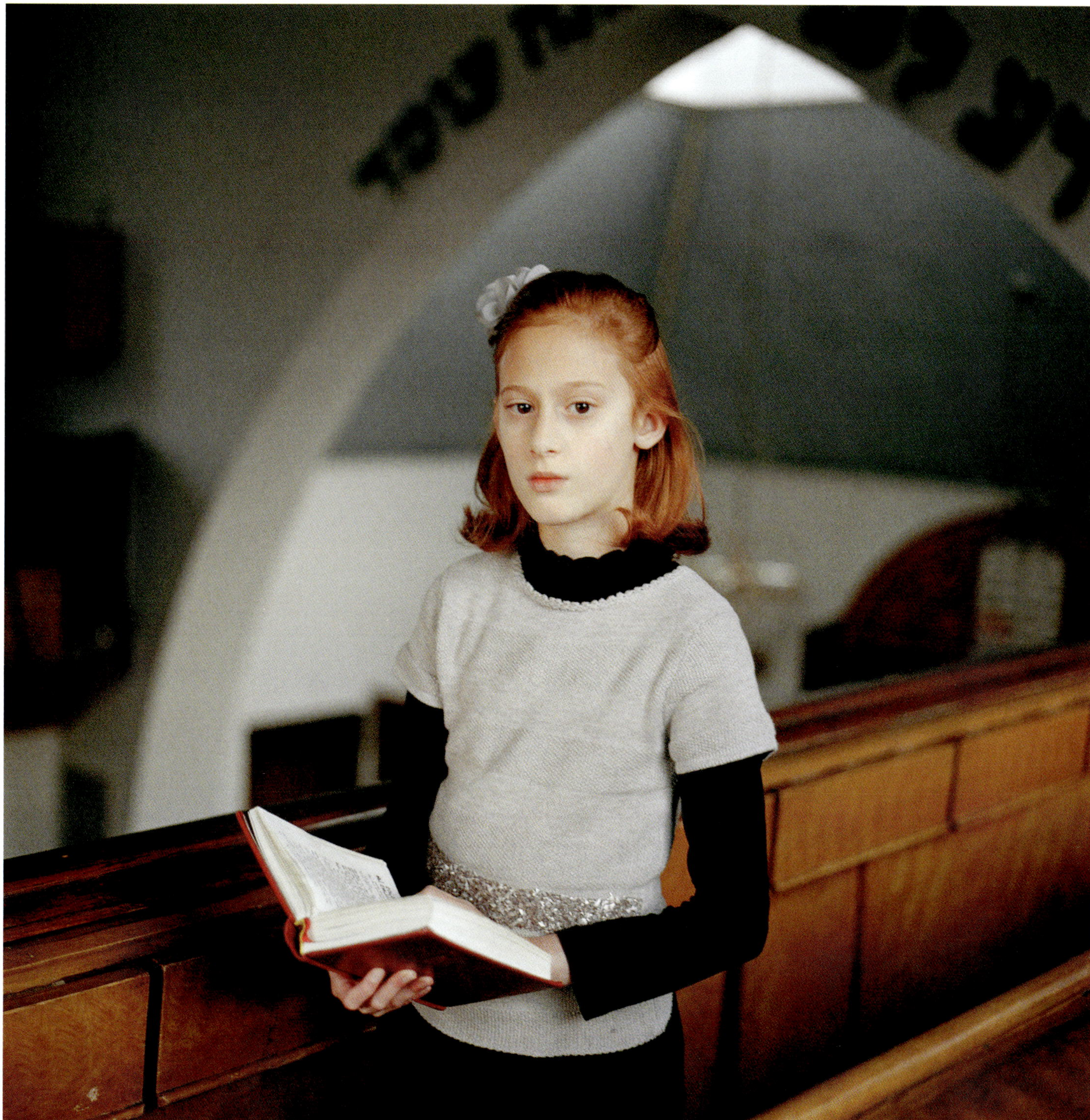

Image de la semaine… Le mirage.
Image of the week … The Mirage.

Cet instantané provient du village en miniature de Dallas en Roumanie, qui est encore en pleine enfance… mais j'ai hâte de revenir et d'apprendre.
Bonne nuit. Terminé ! Bises.

The second is from the Dallas baby village in Romania that is very much in its infancy … however I am eager to return and learn.
Bonne Nuit. *OAO xx*

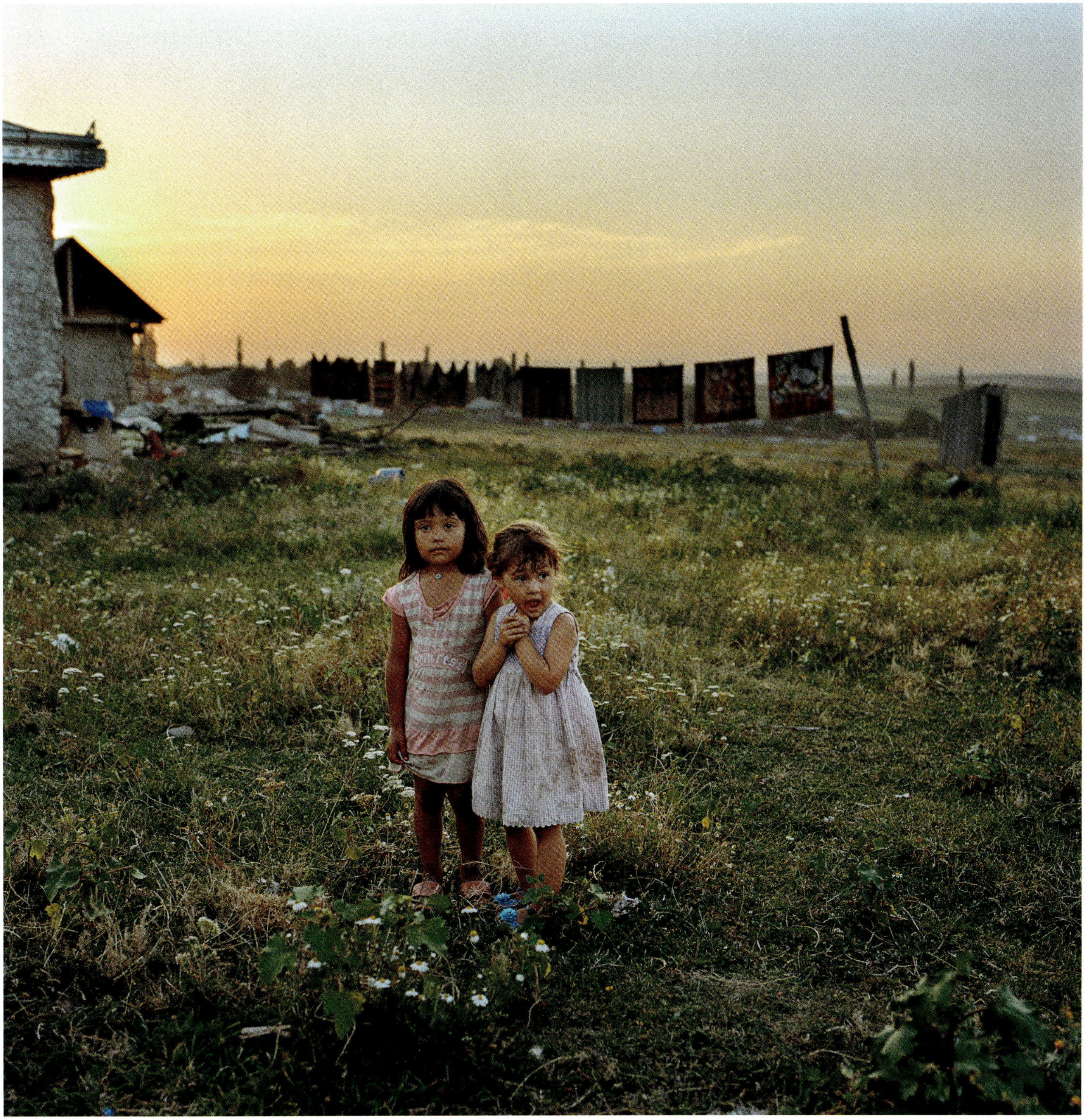

Image de la semaine… L'arrestation.
Image of the week … The arrest.

Jour 4
J'ai sur moi l'odeur des chèvres (explication à venir).
J'ai levé mon appareil et pris la photo, abasourdie. C'était ma dernière pose, je me suis demandé si la photo avait bien été prise mais c'était exaltant d'avoir été témoin à l'improviste d'une telle scène. Quelques secondes plus tard, sa femme est sortie en silence mais la pellicule était terminée. Qu'avait-il fait ? Qui était-ce ? Qui était-elle ?… Le mystère s'est emparé de mon imagination, aiguisée par la curiosité, pendant les heures qui ont suivi où je me suis promenée. Terminé ! Bises.

Day 4
I smell of goats (to be explained another time).
I raised my camera and shot stunned. It was my last frame, who knows if I got a picture but it felt exhilarating to randomly witness such a narrative. A few seconds later his wife came out in silence but my film was gone. What had he done? Who was he? Who was she… the mystery fulfilled my curious imagination for the proceeding hours whilst I strolled. OAO x

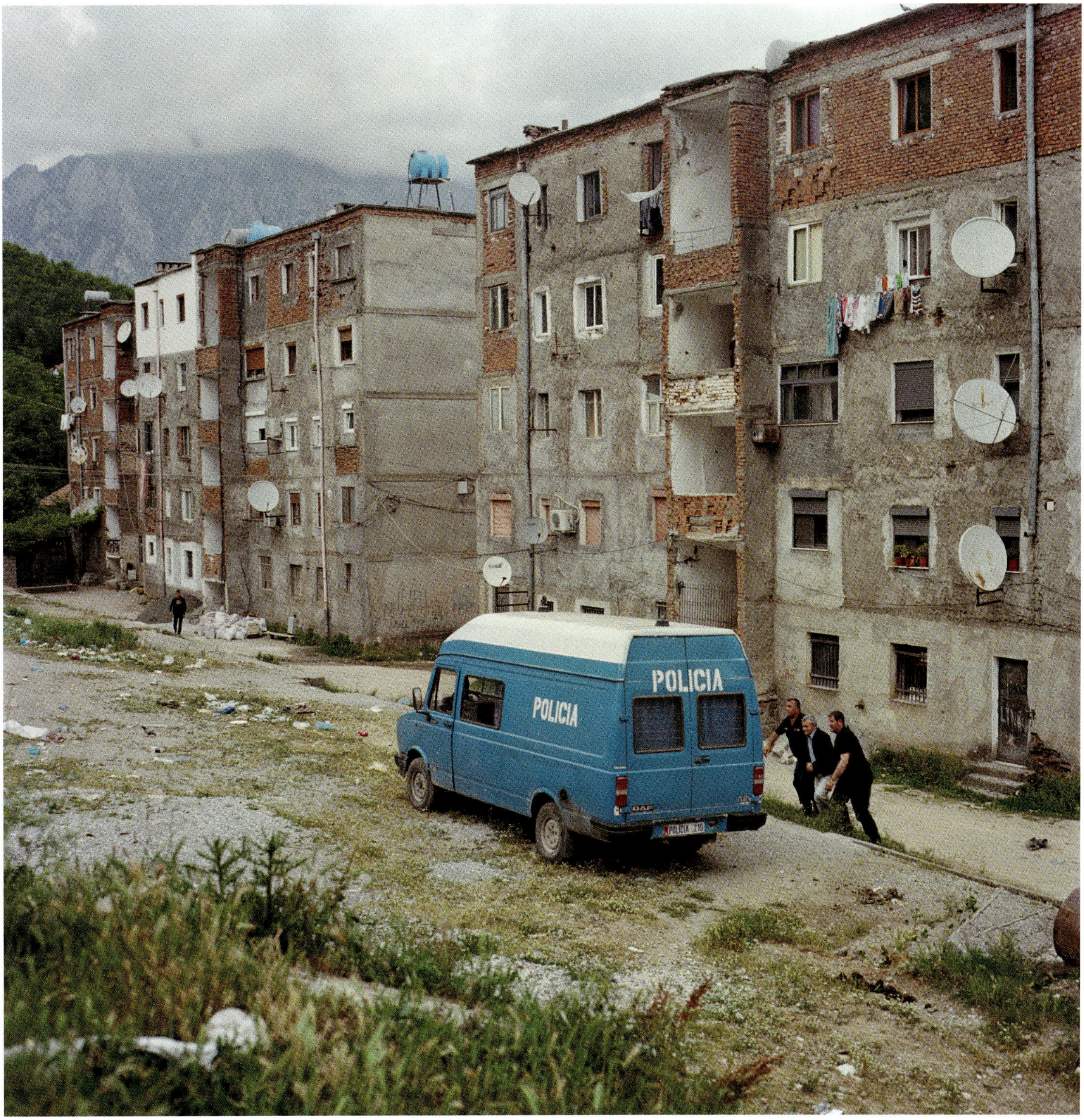
POLICIA
POLICIA

Image de la semaine… Le garçon en armure.
13 décembre 2013 à 12 h 05.
Image of the week … The boy in armour.
13 December 2013 at 12:05 am.

Épuisée mais ravie de m'être gorgée de soleil, je m'approchai du comptoir d'un labo qui paraissait être resté intact, pétrifié dans cette avenue américaine depuis au moins soixante ans. Un décor des années 1980 et une odeur de moisi enveloppaient tout un étalage de clichés faits à la va-vite, comme de la vulgaire marchandise. Le technicien m'a tendu mes rouleaux dans un carton cubique, l'air hautement satisfait d'avoir réussi à développer avec succès une pellicule 120 (il était nerveux au départ).

Overtired but blissfully sun drenched I approached the counter at a lab that seemed like it had been stuck in the American mall for at least sixty years untouched. The 1980s decor and musty smell was home to an array of snappy snaps like merchandise. The technician handed me back my rolls in a cubed cardboard box and showed signs of gloating at his achievement of successfully processing the 120 film (he had been nervous at first).

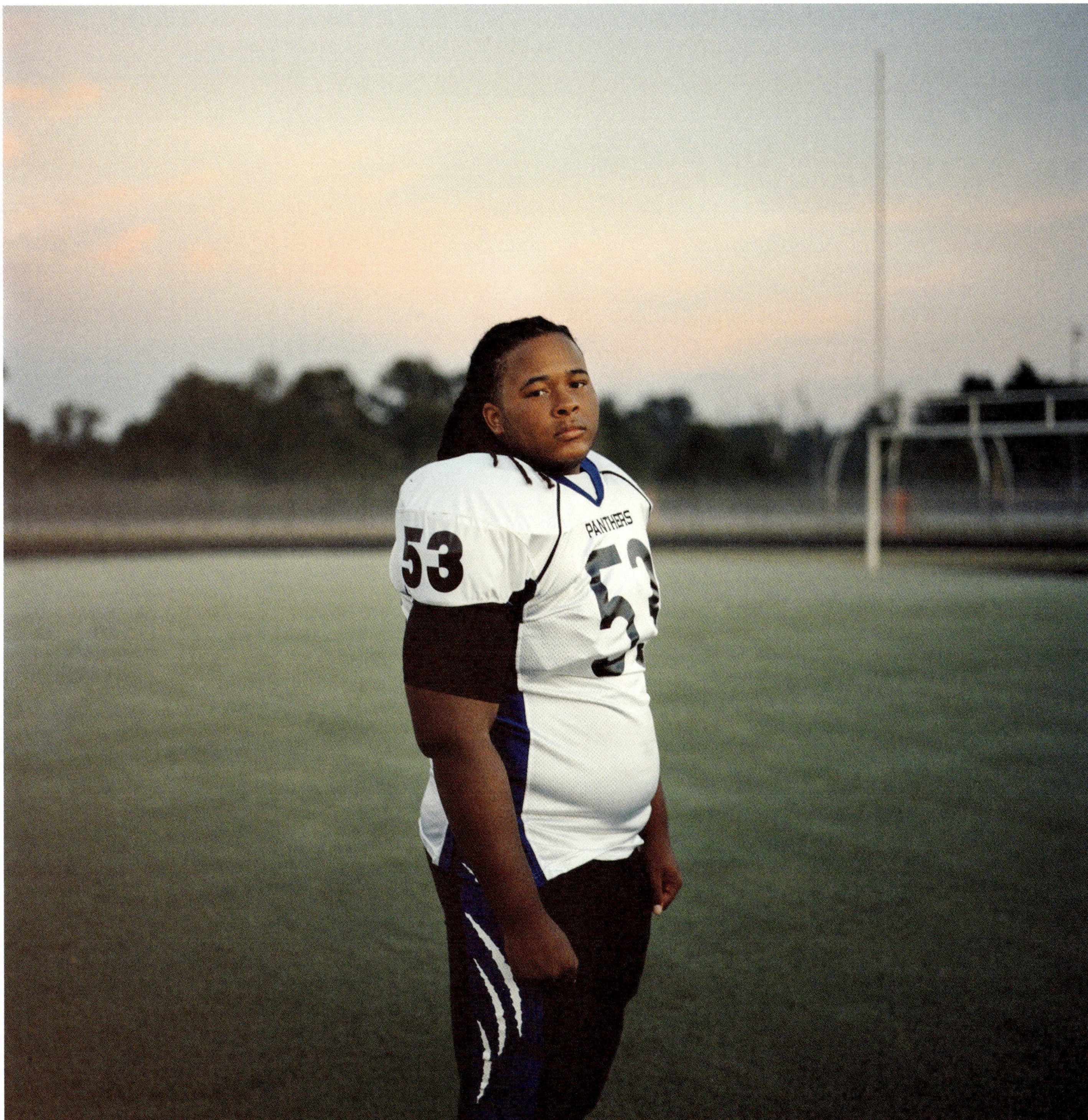
53
PANTHERS

Image de la semaine… Déconnectée au Texas.
21 novembre 2016.
Image of the week … Offline in Texas.
21 November 2016.

J'avais fait des efforts pour la cerner, elle était ambiguë ; à la fois timide et assurée. Elle mettait de l'intensité dans sa pose tout en paraissant impassible et réservée. Au bout de quelques instants de prise de vue, son téléphone s'est mis à sonner et elle a filé en s'excusant… Encore une inconnue très occupée qu'on demande ailleurs.

I struggled to read her; she was contradictory; shy yet confident. She held herself with intensity but seemed quiet and coy. After a mere few seconds of shooting, her phone rang and she apologized as she darted off... again another busy stranger called away.

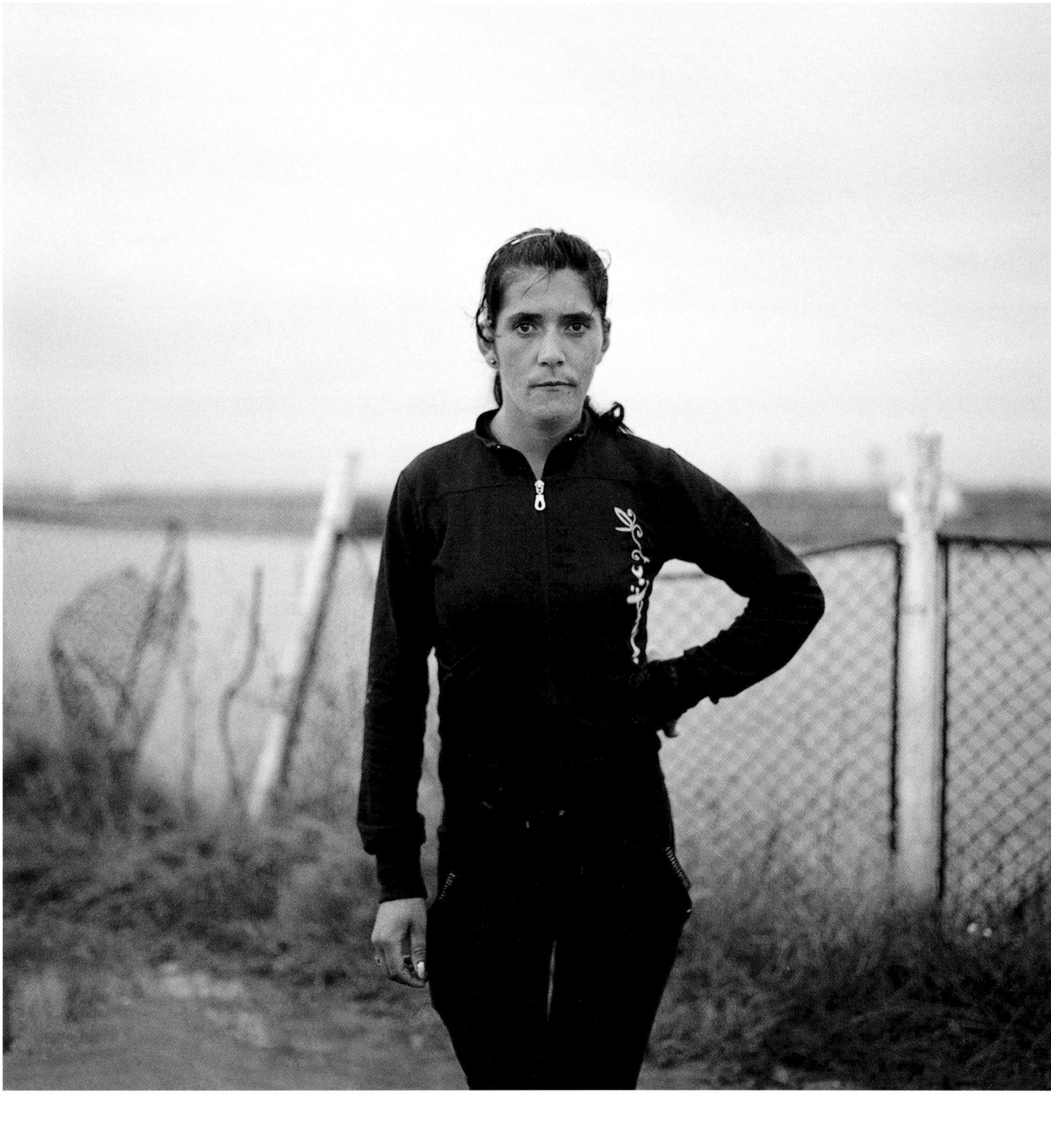

Image de la semaine… Perte de mémoire.
18 août 2016 à 23 h 43.
Image of the week … Memory loss.
18 August 2016 at 11:43 pm.

Un voyageur flottant. Il était gentil, calme, et il dégageait de bonnes ondes autour de lui. Je me demande où il est maintenant.
Des histoires pour un autre jour… Dors bien, terminé ! Bises.

A floating traveller. He was kind, calm and had a lovely shine about him. I wonder where he is now.
Stories another day … Sleep tight OAO x

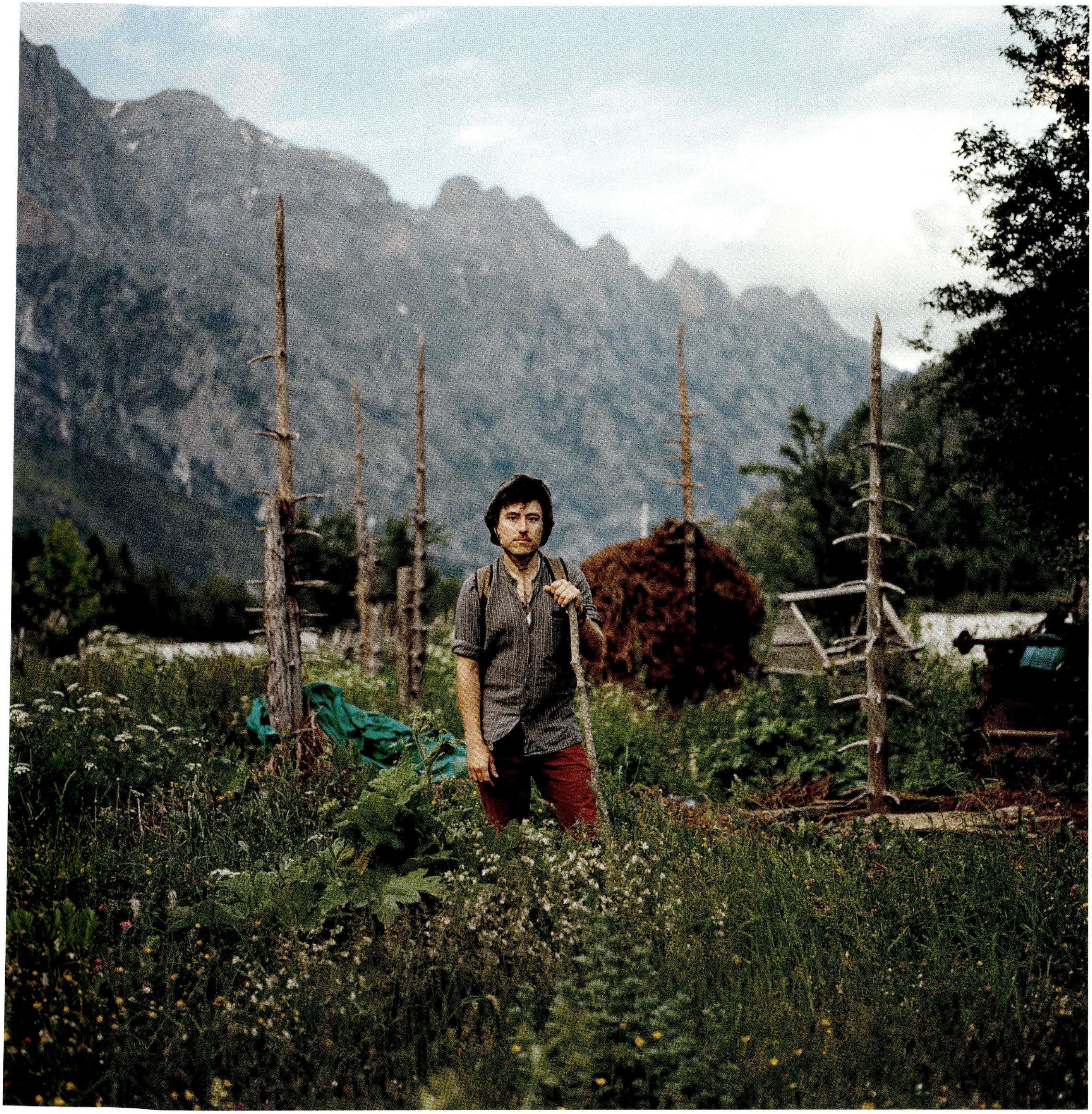

LE PRIX HSBC POUR LA PHOTOGRAPHIE

Créé en avril 1995[1], le Prix HSBC pour la Photographie accompagne depuis 22 ans la génération émergente de la photographie et s'engage à soutenir de manière encore plus forte le travail de ses lauréats, en créant une cinquième étape dans l'itinérance et en leur offrant une aide à la production d'œuvres présentées lors de cette dernière exposition, insufflant ainsi un nouvel élan aux lauréats. Un concours annuel est ouvert de septembre à novembre à tout photographe n'ayant jamais édité de monographie, sans critère d'âge ni de nationalité.
Chaque année, un conseiller artistique désigné pour apporter un nouveau regard présélectionne une dizaine de candidats. Il présente alors ses choix au Comité exécutif, qui élit les deux lauréats. María García Yelo[2], conseillère artistique 2017, témoigne : "Beauté, surréalisme, ébahissement et douleur : tous font partie intégrante des projets sélectionnés pour l'édition 2017 du Prix HSBC pour la Photographie. Leurs auteurs, à l'imagerie visuelle très riche, nous incitent à lire des significations multiples et superposées. Nous passons ainsi de l'étonnement à l'accablement, de la reconnaissance au désarroi… Et quand nous finissons par comprendre, une profonde mélancolie nous envahit".

Accompagnement des deux artistes :
– publication de la première monographie de chaque artiste avec Actes Sud, dans la "Collection du Prix HSBC pour la Photographie";
– création et organisation de l'exposition itinérante de leurs œuvres dans cinq lieux culturels en France et/ou à l'étranger ;
– aide à la production, durant l'année de promotion, de nouvelles œuvres, présentées lors de la cinquième étape ;
– acquisition par HSBC France de six œuvres par lauréat pour son fonds photographique.

1. Sous l'égide de la Fondation de France. / 2. María García Yelo est directrice de PHotoEspaña à Madrid.

Created in April 1995,[1] the Prix HSBC pour la Photographie has been supporting emerging photographers for twenty-two years. It undertakes to help its award winners, by creating a fifth stage in the travelling exhibition and by helping to produce the works presented in this latest exhibition, thus providing winners with a fresh impetus. An annual competition, it is open from September to November to any photographer who has never had a monograph published, with no age or nationality criteria.
Each year an artistic advisor is nominated to give a fresh outlook and to preselect around ten candidates who are then presented to the Executive Committee who select the two award winners. María García Yelo,[2] 2017 artistic advisor, says:
"Beauty, surrealism, amazement and pain are all present in the selected projects of the 2017 edition of the Prix HSBC pour la Photographie. These photographers, with very rich visual imageries, force us to read several layers of meanings. We go from astonishment to overwhelm, from recognition to disconcert... When we finally understand, a deep melancholy invades us."

The HSBC Prize supports the two photographers by:
- Publishing each artist's first monograph in association with the publisher Actes Sud in the Prix HSBC pour la Photographie Collection;
- Creating and organizing the travelling exhibition of their works at five cultural venues in France and/or abroad;
- Help in promoting new works throughout the year, presented during the fifth stage;
- Guaranteeing HSBC France's acquisition of six works by each award winner for its photography collection.

1. Under the aegis of the Fondation de France. / 2. María García Yelo is the director of PHotoEspaña in Madrid.

LIVRES PARUS DANS LA COLLECTION / PREVIOUSLY PUBLISHED IN THE COLLECTION

2016
Marta Zgierska,
Post

Christian Vium,
Ville nomade

2015
Maïa Flore,
Rememories

Guillaume Martial,
Slap-stick

2014
Dephine Burtin,
Encouble

Akiko Takizawa,
Where We Belong

2013
Noémie Goudal,
The Geometrical Determination of the Sunrise

Cerise Doucède,
Liens intimes

2012
Leonora Hamill,
Art in Progress

Éric Pillot,
In situ

2011
Alinka Echeverriá,
Sur le chemin de Tepeyac

Zhang Xiao,
Coastline

2010
Laurent Hopp,
Sublunaire

Lucie & Simon,
Vertiges du quotidien

2009
Grégoire Alexandre

Matthieu Gafsou,
Surfaces

2008
Aurore Valade,
Grand miroir

Guillaume Lemarchal,
Paysages de l'après

2007
Julia Fullerton-Batten,
Teenage Stories

Matthew Pillsbury,
Time Frame

2006
Clark et Pougnaud

Marina Gadonneix,
Paysages sur commande

2005
Éric Baudelaire,
États imaginés

Birgitta Lund,
In Transit

2004
Malala Andrialavidrazana,
D'outre-monde

Patrick Taberna,
Au fil des jours

2003
Mathieu Bernard-Reymond,
Vous êtes ici

Laurence Leblanc,
Rithy, Chéa, Kim Sour et les autres

2002
Laurence Demaison

Rip Hopkins,
Tadjikistan Tissages

2001
Franck Christen

Jo Lansley & Helen Bendon

2000
Valérie Belin

Carole Fékété

1999
Catherine Gfeller,
Urban Rituals

Yoshiko Murakami,
Les Mains pour voir

1998
Milomir Kovacevic,
La Part de l'ombre

Seton Smith,
Without Warning

1997
Jean-François Campos,
Après la pluie…

Bertrand Desprez,
Pour quelques étoiles…

1996
Éric Prinvault,
C'est où la maison ?

Henry Ray, †
Amazonia

LAURA PANNACK

Laura Pannack, lauréate, est une photographe singulière en ce qu'elle combine ses deux passions pour la psychologie et la photographie.
Son art vise à explorer la relation complexe qui se tisse entre modèle et photographe.
Le travail de Laura Pannack a été largement publié et exposé dans le monde entier, notamment à Londres, à la National Portrait Gallery, dans les Houses of Parliament, à Somerset House, et au Royal Festival Hall.
Pour mener des projets motivés par le goût de l'investigation, qu'elle conçoit elle-même et qui s'étendent souvent sur plusieurs années, elle se sert de la photographie comme d'une incitation à voyager, explorer et apprendre.
Pannack photographie surtout en argentique, un procédé vivant, non défini au préalable par des idées déterminées, ce qui épargne au modèle une tension supplémentaire. Elle privilégie l'intimité et valorise les aléas de la prise de vue et de l'expérimentation sur la pellicule.

"La remarquable capacité qu'a Laura d'établir une relation de confiance et de respect avec ses modèles lui permet d'exprimer une vulnérabilité tenace, à la fois claire et difficile à cerner."
Terry O'Neill – photographe

Laura Pannack is an award-winning photographer who specializes in combining her passion for psychology and photography.
Her art seeks to explore the complex relationship between subject and photographer.
Pannack's work has been extensively exhibited and published worldwide, including at the National Portrait Gallery, the Houses of Parliament, Somerset House and the Royal Festival Hall in London.
Driven by research led, self-initiated projects she uses photography to roam, explore and learn. Her projects often develop over several years.
Pannack largely shoots on analogue film allowing the process to be organic rather than being predefined by fixed ideas, thus removing additional pressure on the sitter. She values the intimacy and the often unpredictable results of shooting and experimenting with film.

"Laura's remarkable ability to build trust and respect with her subjects allows her to express a gritty vulnerability that is as sincere as it is elusive to capture."
Terry O'Neill – photographer

REMERCIEMENTS / *ACKNOWLEDGEMENTS*

Je tiens tout d'abord à remercier ici HSBC et tous ceux grâce à qui j'ai bénéficié de cette possibilité exceptionnelle. Ce voyage a été passionnant et j'en suis très honorée.
Mes remerciements s'adressent à María García Yelo pour sa patiente sollicitude et son soutien.
Merci également à Thyago Nogueira pour son texte magnifique.
J'aimerais aussi remercier ma mère pour sa patience, ses nombreux mots d'encouragement si précieux, son aide, sa perspicacité et son affection. Je remercie les amis qui m'ont soutenue, grâce à eux j'ai gardé mon équilibre psychique. Ma sœur a été mon inspiratrice et ma meilleure amie. Ma reconnaissance va à la famille Kirsh et à leurs amis pour leur inestimable gentillesse, leur soutien et leur confiance en moi.

Que soient aussi remerciés mes nombreux amis et mentors qu'il me faudrait nommer et ceux qui m'ont plus spécialement aidée pour ce projet : Bradley Fried, Wendy Fisher, Barry Stiefel, David Fobel, Natie & Francis Kirsh, Linda Mirels, Mark Rosenberg, Judi Ferreira,Francesca Genovese, James Gerrard-Jones, John Wyatt-Clarke, Rose Mullings, Rhiannon Adam, Simon Roberts, Sarah JF Roberts, Simon Bainbridge, Diane Smyth, Karen Mc Quaid, Brett Rogers, Monica Allende, Aaron Schumann, Esther Teichmann, Hannah Watson, Shoair Mavlian, Louise Clements, Brandei Estes, Zelda Cheatle, Cosimo D'Aprano, Cheryl Newman, Andy Greenacre, Fiona Rogers, Emily Graham, Natasha Caruana, Phil Toledano, Anna-Maria Pfab, Gem Fletcher, Madelaine Penny, Michael Benson, Fariba Farshad, Andrei Nacu, Patrick Llywellen, Debra Klompching, Melanie Hough, Sid Motion, Peter Dench, Mark Foxwell et tant d'autres personnes bienveillantes et généreuses.

Firstly my thanks to HSBC and all those who awarded me this opportunity. It has been an exciting journey and I am honoured.
Thanks to María García Yelo for her nurturing patience and support
Thanks to Thyago Nogueira for the wonderful text
I would like to thank my mum, for her patience, countless invaluable words of support, insight, encouragement and award-winning hugs. To my friends who have supported me and kept me sane. To my sister for being my inspiration and my best friend. To the Kirsh family and friends for their priceless kindness, support and for their belief in me.

To the many friends and mentors who helped support me in this project: Rhiannon Adam, Monica Allende, Simon Bainbridge, Michael Benson, Natasha Caruana, Zelda Cheatle, Louise Clements, Cosimo D'Aprano, Peter Dench, Brandei Estes, Fariba Farshad, Judi Ferreira, Wendy Fisher, Gem Fletcher, David Fobel, Mark Foxwell, Bradley Fried, Francesca Genovese, James Gerrard-Jones, Emily Graham, Andy Greenacre, Melanie Hough, Natie and Francis Kirsh, Debra Klompching, Patrick Llywellen, Karen McQuaid, Shoair Mavlian, Linda Mirels, Sid Motion, Rose Mullings, Andrei Nacu, Cheryl Newman, Madelaine Penny, Anna-Maria Pfab, Sarah JF Roberts, Simon Roberts, Brett Rogers, Fiona Rogers, Mark Rosenberg, Aaron Schumann, Diane Smyth, Barry Stiefel, Esther Teichmann, Phil Toledano, Hannah Watson, John Wyatt-Clarke, and so many other kind and generous people.

Graphisme : Anne-Laure Exbrayat
Traduction anglaise : Christine Piot
Fabrication : Géraldine Lay
Photogravure : Terre Neuve

Reproduit et achevé d'imprimer en avril 2017
par l'imprimerie Geers, à Gand, Belgique
pour le compte des éditions Actes Sud,
Le Méjan, place Nina-Berberova,
13200 Arles.

Dépôt légal 1re édition : juin 2017

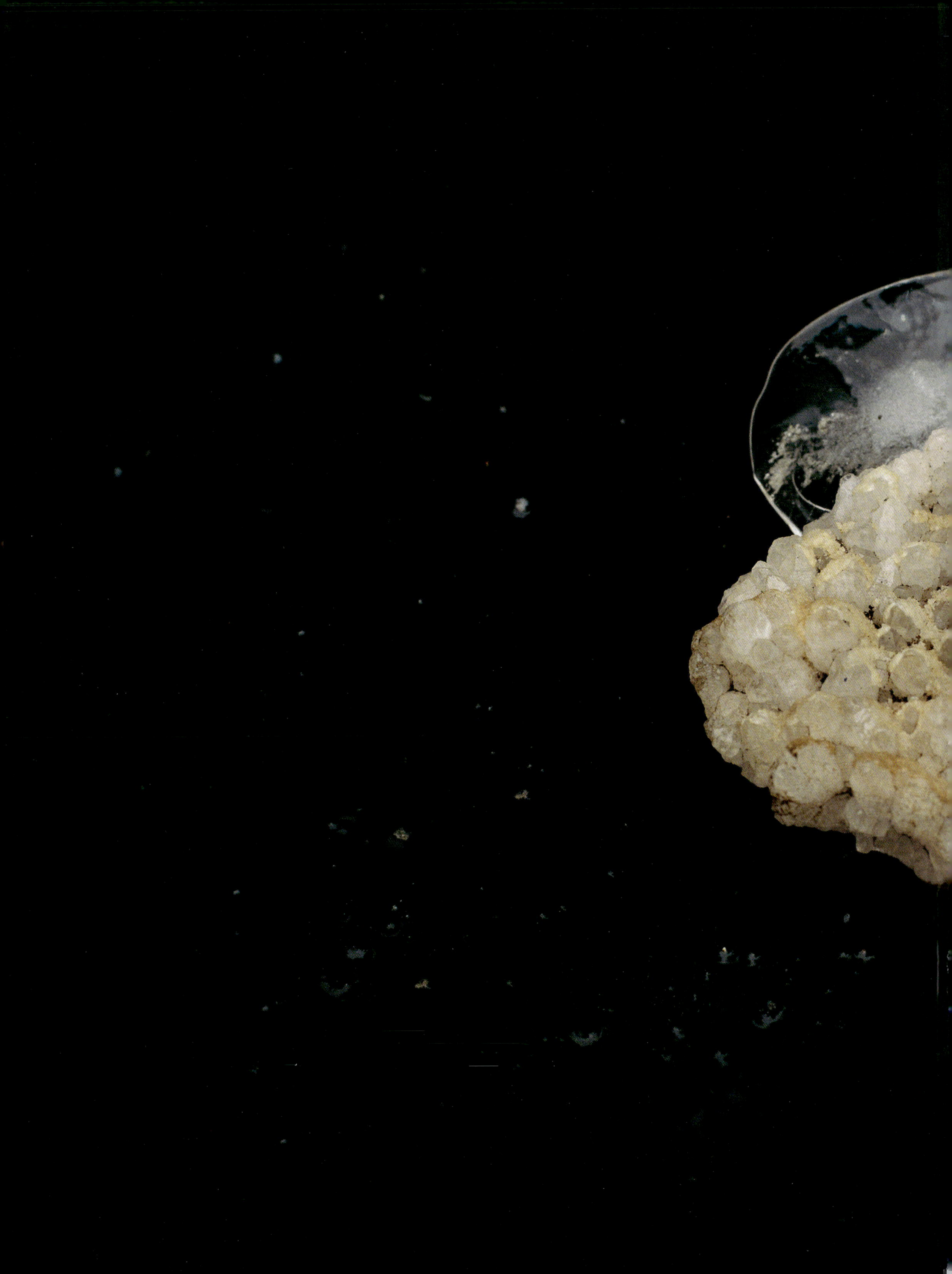